우리가 몰랐던
동남아 이야기

― 제1권 ―
바다와 교류의 시대

제1권
바다와 교류의 시대

우리가 몰랐던
동남아 이야기

글·그림 신일용

믿고 보는 신일용의 인문 교양만화

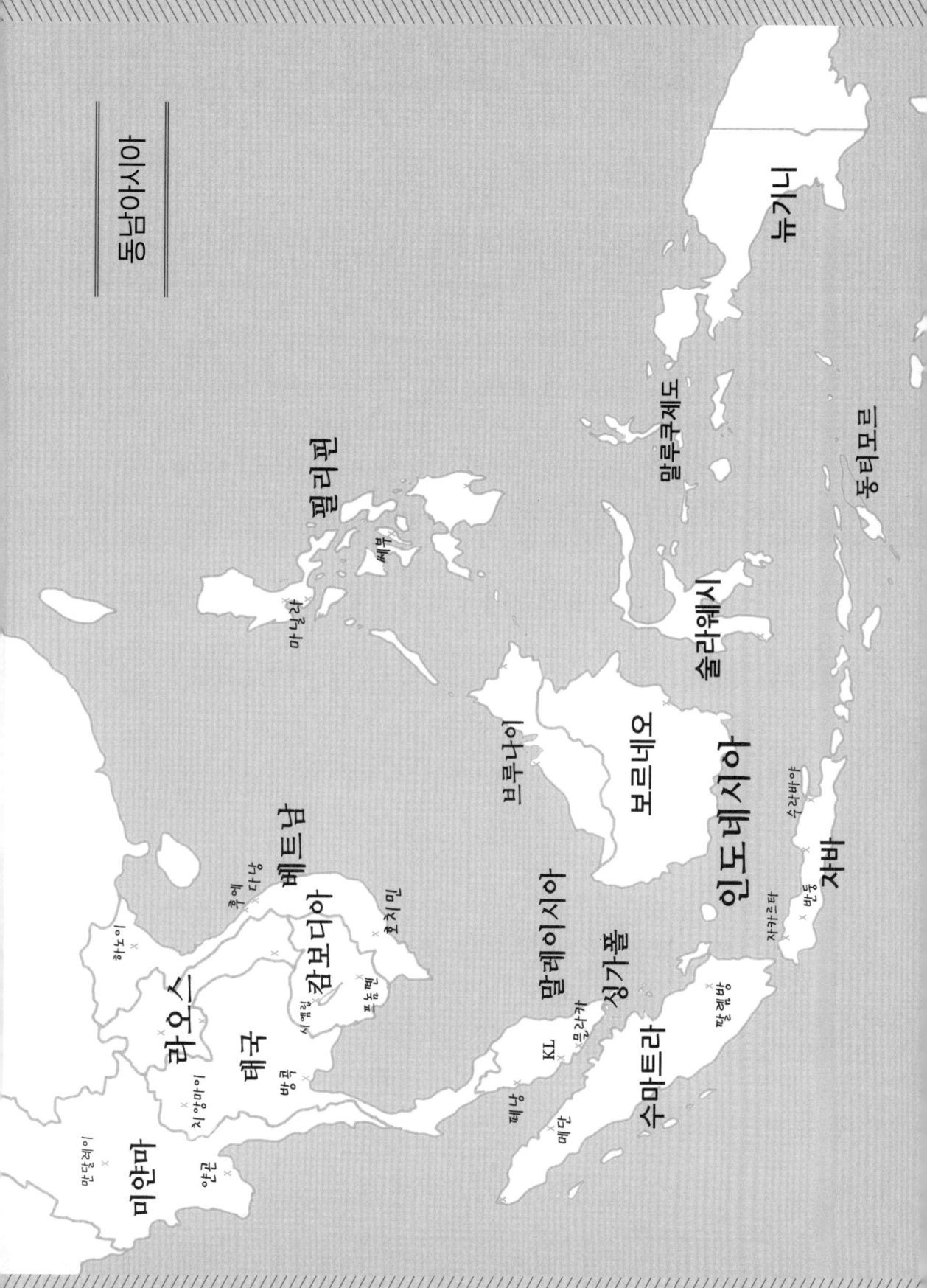

머리말

동남아시아 땅을 처음 밟은 것은 1986년의 방콕 출장이었다. 지금은 인천국제공항에서 출발하여 수완나품공항에 내리지만, 김포공항에서 비행기를 타면 돈므앙공항에 떨어질 때였다. 공항을 나오면서 훅하고 온몸을 덮치던 압도적인 열기를 첫 느낌으로 기억하고 있다. 그 열기는 쑤쿰빗 거리의 수많은 쏘이(골목)들을 채우던 남쁠라 액젓 냄새, 레몬그라스 향기와 어우러져 동남아시아의 첫인상을 이룬다.

그 이후로 수십 년간 동남아를 들락거렸다. 항공 마일리지의 많은 부분은 장거리 노선인 유럽과 미국 출장으로 쌓였지만, 공항 입국심사대를 통과한 횟수로는 단연 동남아시아의 공항들이 가장 잦았다. 특히 1990년대에 싱가폴에 소재한 동남아 지역 본사의 주재원으로 근무하면서 1년이면 6개월은 동남아 여러 나라를 방문하며 집중적으로 이런저런 사람들을 만날 기회가 있었다.

이즈음에 베트남전쟁사의 고전이 된 스탠리 카노우의 『Vietnam, A History』를 만나 일주일 만에 밤잠을 줄여가며 독파하고는 동남아시아의 비장한 역사와 그걸 극복해낸 인간의 역동성에 꽂혔다. 그리고 한국인들의 동남아관에 아쉬움을 갖게 되었다. 많은 한국인이 동남아시아를 턱없이 아래로 보거나 왜곡된 인식을 가지고 있었다. 불과 십수 년 전만 해도 한국이 도대체 어디 있는 나라냐고 묻던 소위 선진국 사람들처럼 말이다.

동남아는 수천 년간 세계로 열린 공간이었다. 복잡하고 다양할 수밖에 없다. 네 권의 책으로 복잡다단한 동남아 11개국의 모든 이야기를 할 수는 없지만, 전체적인 맥락만은 그려내고 싶었다. 모름지기 이야기의 재미는 디테일에서 나오는 법, 그래서 시간을 들여 나무 하나하나의 줄기와 이파리와 열매를 이야기했지만, 마지막 페이지를 넘긴 뒤에는 큰 숲이 그려지는 그런 책을 쓰고 싶었다. 얼마나 의도가 반영되었는지는 독자들이 판단하실 부분이다.

하지만 시중에 일반독자들이 흥미를 느끼며 읽을 만한 동남아 관련 서적이 많지 않다는 점에 용기를 얻어 감히 함께 시간 여행을 떠나보자고 초대한다. 이 책이 앞으로 동남아의 담론과 기사들을 만날 때 전후 맥락 위에서 이해하는 데 도움이 될지도 모른다는 기대를 가지고. 적도의 태양 아래서 프란지파니 꽃잎이 날리고 반얀트리가 깊게 깊게 그늘을 드리우는 그곳으로 초대한다.

2022년 1월
분당의 작업실에서

신일용

일러두기

○ 이 책의 서술은 대략적으로 시간의 흐름을 따라가지만 여러 나라를 이야기하는 과정에서 토픽에 따라 연대를 넘어 전후로 오가기도 한다. 읽다 보면 후에 나올 내용이 궁금하거나 전에 이미 나온 부분을 되새기고 싶을 때가 있으리라고 본다. 이건 전작 『라 벨르 에뽀끄』의 독자들로부터 많은 요청이 접수되었던 부분이기도 하다. 중요한 키워드의 경우, 페이지 하단에 다음 예와 같이 표시해두었다.

(예) 폴포트 ➡ 3권 128쪽 (나중에 3권의 128쪽부터 폴포트 이야기가 좀 더 나올 텐데 당장 궁금하다면 먼저 가서 보라는 안내)

해협식민지 ⬅ 1권 280쪽, 3권 155쪽(이미 지나간 1권 280쪽, 3권 155쪽에 관련 이야기가 나왔으니 기억을 되살리고 싶다면 찾아가라는 안내)

○ 복잡다단한 고유명사의 음가를 표현하는 문제는 여러 자료를 종합하여 최선을 다했지만 부족한 점도 있으리라. 이와는 별개로 공식명칭인 미얀마와 버마, 호치민시와 사이공, 양곤과 랭군처럼 여러 가지가 섞여서 사용되는 듯한 느낌을 받을지도 모르겠다. 이는 그 말이 아직 나오지 않았던 시대적 배경을 고려했을 수도 있고(태국 대신 시암을 쓴 경우) 공식적으로는 바뀌었지만, 현지인들이 더 애착을 가지고 상용하는 이름을 따라간 경우도 있다. 요는 의도를 가지고 문맥과 상황에 따라 적절한 고유명사를 쓰려고 했음을 알려드린다.

참고 도서

* 아편과 깡통의 궁전/푸른역사/강희정
* Southeast Asia in World History/Oxford/Craig Lockard
* Crossroads/Marshall Cavendish/Jim Baker
* A History of Modern Indonesia/Cambridge/Adrian Vickers
* A Brief History of Indonesia/Tuttle/Tim Hannigan
* Vietnam, A History/Penguin Books/Stanley Karnow
* Vietnam/Oxford/Ben Kiernan
* From Third World to First/Harper Collins/Lee Kuan Yew
* The Singapore Story/Singapore Press Holdings/Lee Kuan Yew
* A Short History of Laos/Allen & Unwin/Grant Evans
* Decoding Laos/Richard Taylor/InHouse Publishing
* A Short History of Cambodia/Allen & Unwin/John Tully
* A History of the Philippines/The Overlook Press/Luis H. Francia
* A History of the Philippines/Didactic Press/David Barrows
* A History of Thailand/Cambridge/Chris Baker, Pasuk Phongpaichit
* Thaksin/Silkworm Books/Pasuk Phongpaichit, Chris Baker
* The River of Lost Footsteps/Farrar, Straus and Giroux/Thant Myint-U
* Spices, A Global History/Reaktion Books/Fred Czarra
* 그리고 책은 아니지만 위대한 Wikipedia

감사 말씀

전작의 1쇄에서 오탈자가 쏟아져 나와 많은 신고를 받아 후속 인쇄에서 바로잡은 적이 있었다. 이를 안타까이 여겨 기꺼이 이 책의 교정을 맡아주신 최훈근 PD, 이정환 애독자께 감사드린다. 띄어쓰기도 세세히 짚어주었으나 일부는 만화의 공간 문제로 반영되지 않았다. 밥북의 협의 창구로 수고한 전은정 씨에게도 감사드린다.

제2권 탐욕과 정복의 시대

 제5장_ 아! 호세 리잘
 제6장_ 버마 흥망사
 제7장_ 개혁군주 쭐라롱꼰
 제8장_ 남비엣과 인도차이나
 제9장_ 아름다운 시대의 종말

제3권 독립과 냉전의 시대

 제10장_ 호치민의 투쟁
 제11장_ 킬링 필드
 제12장_ 말레이시아와 싱가폴의 탄생
 제13장_ 수카르노와 수하르토
 제14장_ 싱가폴이 사는 법

제4권 부패와 자각의 시대

 제15장_ 마닐라 블루스
 제16장_ 따머도의 나라 미얀마
 제17장_ 뜨거운 방콕
 제18장_ 아시아 금융위기, 그 이후

차례　　　　　　　　　　제1권 **바다와 교류의 시대**

머리말 / 6

일러두기 / 8

인트로 / 12

제1장_ 물과 땅, 동남아의 지정학 / 29

제2장_ 사람들, 동남아의 이민사 / 95

제3장_ 위대한 제국들 / 155

제4장_ 식민지 시대의 서막 / 219

참고 연표 / 322

사이공의 4월은 건기의 막바지.
연중 가장 더울 때이다.

한겨울 미국 동부 어디선가 흘러나올 법한 크리스마스 캐롤이 4월의 끈적이는 베트남의 대기를 타고 끊임없이 되풀이되는 광경은 생각할수록 괴기스럽다.

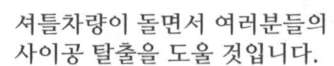

정오부터 탄손나트와 사이공 앞바다에 떠있는 7함대 사이를 치누크 편대가 분주히 왕복했다.

다음날 4월 30일에는 탄손나트를 포기하고 미국대사관 뒷마당으로 옮겨야 했다.
포성이 가까워지고 있었다.

미 대사관의 해병들은 연막탄으로 랜딩존을 표시하며 헬기를 유도하고 밀려드는 탈출인원들을 통제해야 했다.

마지막 순간이 다가오면서 대사관은 아비규환의 난장판으로 변해갔다.

대사관 철문의 안과 밖은 삶과 죽음의 경계가 되었다.

사이공 함락 그날의
다큐멘터리 필름을 보면서
이 여인이
대사관 정문을
통과하기를
간절히 응원했다.

그녀는 정문의 경비를
뚫고 들어오자마자
다리에 힘이 풀렸는지
길바닥에 주저앉아
흐느끼기 시작했다.

그녀의 비닐 면세봉지에는
무엇이 들어있었을까?

왜 그리 간절히 사이공을
탈출하려 했을까?
어느 미군의 애인이었을까?
남베트남군 장교의
부인이었을까?

미국에서 그녀의 삶은
어떠했을까?

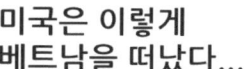

미국은 이렇게
베트남을 떠났다...

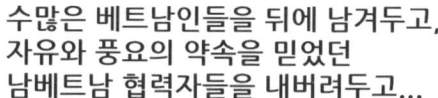

수많은 베트남인들을 뒤에 남겨두고,
자유와 풍요의 약속을 믿었던
남베트남 협력자들을 내버려두고...

미국인들 이전에도 동남아시아에는 수많은 이방인들이 흘러들어 왔다가는 흘러나갔다.

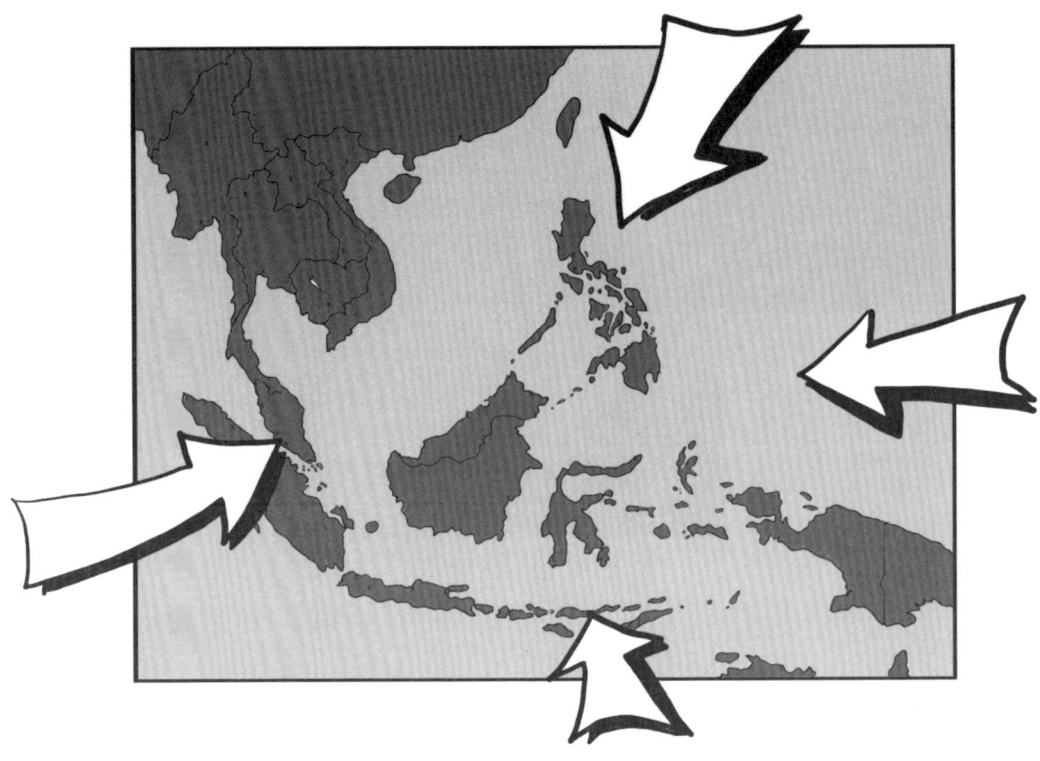

어떤 이들은 평화롭게 와서 평화롭게 떠났지만,

어떤 이들은 총칼을 들고 들어와 탐욕을 채우고 떠났다.

이른바 콩퀴스타도르
(Conquistador)

그러나 지나간 이들은 그냥 지나간게 아니다. 저마다의 흔적을 이땅에 남겨두고 갔다.

인도의 힌두교와 불교문명은 천년에 걸쳐 동남아에 흘러들어왔고

바다의 교역로를 따라 이슬람 문명이 들어왔다.

유럽인들은 무력으로 밀고 들어와 식민지를 건설하였고

수많은 중국인들은 아예 둥지를 틀고 동남아시아의 일부가 되었다.

일본은 대동아공영을 외치며 백인들을 몰아내고 들어왔지만 또다른 침략자일 뿐이었고

전후 냉전의 최전선으로 떠밀려서 달러와 양키문화의 세례를 받았다.

동남아시아는 언제나 열린 공간이었다. 쇄국이라는건 동아시아적 개념이다.
오늘날의 동남아시아에는 이 모든 외래문화의 요소가 소용돌이치고 있다.
그래서 우리같은 단일 문화권의 사고방식으로 동남아를 이해하려면 힘들다.
모든 것을 내뱉지 않고 뒤섞은 카오스의 세계이니까.

일본의 메이지 유신 이전에 동남아는 이미 유럽과 교류하고 있었고

조선과 일본이 문을 걸어잠그고 있을 때 코스모폴리탄의 도시들이 번성하고 있었다.

이제부터 동남아 이야기의 긴 여정을 떠나려고 한다. 남국의 태양 아래 피어난 프란지파니 꽃잎이 바람에 날릴 때 반얀트리의 웅숭깊은 그늘 아래서 벌어진 모험과 투쟁과 해방의 이야기들, 오늘날의 동남아를 만들어낸 이야기들을 들어주기 바란다.

제1장

물과 땅, 동남아의 지정학

둥~

두둥~

지구는 특이한 별이다. 70%가 물로 덮여있다.

생명은 물에서 태어났고

역사는 위대한 강과 바다에서 시작되었다.

동남아시아는 더욱 그러하다. 광대한 물 위로 복잡한 지형이 펼쳐져 있고

해안과 강과 호수에서부터 영광의 제국들이 탄생했다.

동남아시아에는 이런 말이 있다

물은 연결하고

땅은 가로막는다.

그래서 동남아시아인들은 아주 오래전에 항해를 해서 멀리멀리 나아갔다.

얼마나 멀리 나갔냐면 아프리카대륙의 동해안까지 갔다.

마다가스칼

오늘날 마다가스칼섬의 원주민들은 말레이인들의 염색체를 가지고 있고 그들의 언어 말라가시에는 말레이어의 흔적이 남아있다.

반대로 이 물길을 따라 많은 이들이 동남아로 들어왔다.

구도자와 상인과 침략자들이...

제1장 / 물과 땅, 동남아의 지정학 — 33

힌두교와

불교와

이슬람교가 들어왔고

중국의 함대가
황제의 권위를 알리러 왔고

정화(쩡허)의 7차항해
(1405~1433)

유럽의 정복자들이
탐욕을 위하여 건너왔다.

포르투갈
알부퀘르크의
믈라카 점령
(1511)

동남아시아라는 말이 처음 사용된 것은 2차세계대전 종전 후 이곳을 점령했던 일본군을 무장해제하기 위하여 들어온 마운트배튼경의 연합군사령부를 동남아사령부(South East Asia Command)로 부르면서부터이다.

나로 말할 것 같으면 엘리자베스여왕의 6촌 오라버니

루이스 마운트배튼
(1900~1979)

이 땅에 6억6천만의 사람들이 살고 있다. 인구 1억명에 육박하거나 넘는 세 나라는 앞글자를 따 VIP라고 부른다지.
(베트남, 인도네시아, 필리핀)

11개의 국가가 있고 10개국이 아세안이라는 지역기구에 가입되어 있다. 그래서 아세안의 로고도 볏짚단을 10개 묶어놓은 모양을 하고 있지.

ASEAN

그렇다면 한 나라만 아세안에서 빠져있는거네?

티모르섬 딜리
동티모르
인도네시아령

동티모르다. 2002년 인도네시아로부터 독립한 이후 아직 회원자격을 얻지 못하고 있다.

동티모르가 가입하게 되면 짚단을 하나 더 갖다 놓겠군.

— 동티모르의 독립 ➔ 4권 251~255쪽

제1장 / 물과 땅, 동남아의 지정학 — 35

이제부터
이 열한개 나라들의
이야기를 풀어갈
참인데,

베트남 말레이시아

싱가폴 필리핀 인도네시아

미얀마 태국 캄보디아

라오스 브루나이 동티모르

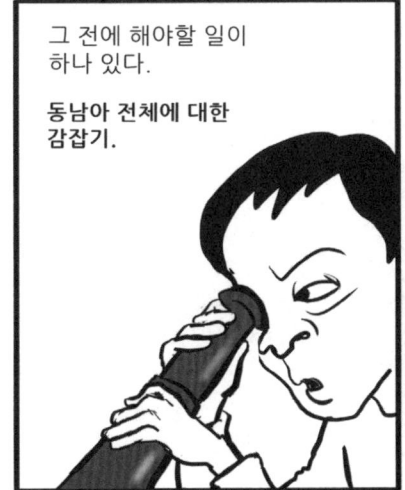

그 전에 해야할 일이 하나 있다.

동남아 전체에 대한 감잡기.

이야기를 본격적으로 시작하기 전에 꼭 필요한 과정이다.

감!!
Feel!

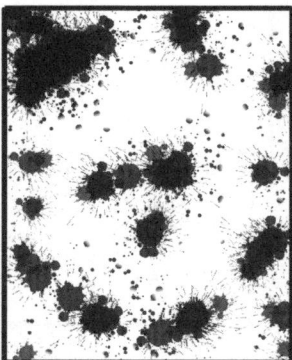
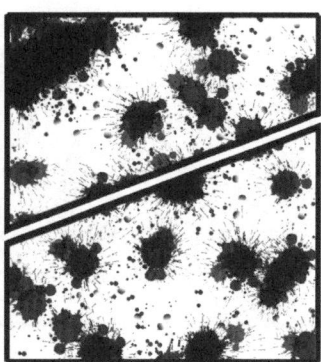
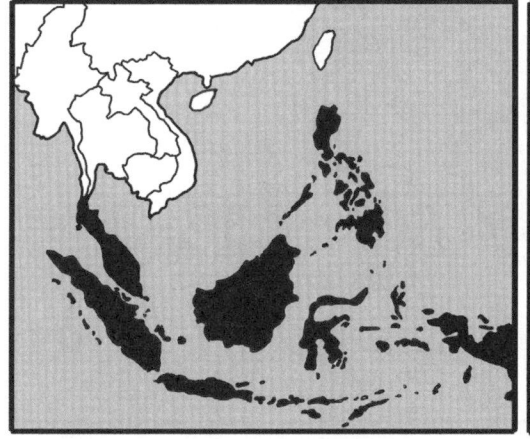
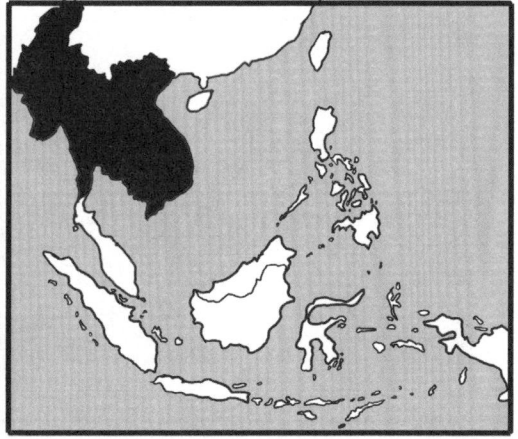

그러면 도서지역부터 이야기를 시작해볼까?

이런 썰렁한 농담을 할 정도로 적도지방 날씨는 변화가 없다.

적도

* 아랍어 모심(mausim)은 말레이어에서 계절을 뜻하는 무심(Musim)에 그대로 남아있다.

신밧드가 말하는 세상의 끝이 동남아의 적도에 있는 향신료의 섬, 말루쿠제도였다면 그는 몬순기후의 덕을 단단히 봤을 것이다.

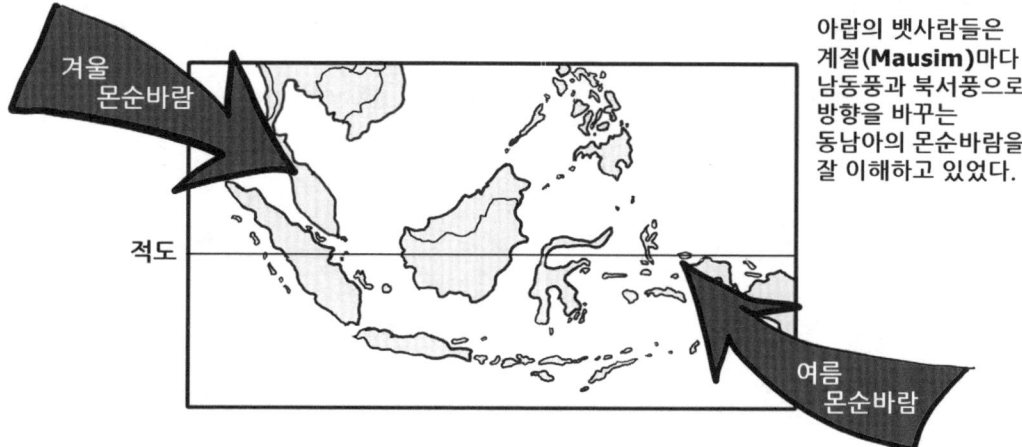

아랍의 뱃사람들은 계절(**Mausim**)마다 남동풍과 북서풍으로 방향을 바꾸는 동남아의 몬순바람을 잘 이해하고 있었다.

그러나 착하던 몬순바람이 적도를 벗어나 북쪽으로 올라가면 무시무시한 타이푼으로 변한다.
타이푼의 경로 위에 있는 필리핀이 가장 큰 희생을 겪곤 한다.

그래서 이곳을 드나들던 아랍이나 유럽의 뱃사람들은 동남아시아의 적도주변지역을 이렇게 불렀다.

"바람 아래의 땅"
Land below the winds

폭풍이 없는 항해하기 좋은 곳이란 뜻이겠지.

착한 열대 몬순바람 덕분에 이미 근대 이전부터 동남아시아의 해안도시들은 세계 각지의 상인들이 몰려드는 국제교역시장으로 발전했다.

이제부터 휘리릭 동남아시아 아키펠라고 (도서지역)의 투어를 해볼까? 투어의 출발점은 말레이반도이다.

그런데, 잠깐! 말레이반도는 분명히 아시아대륙에 이어져 있는데 왜 도서지역으로 분류하는거지?

말레이반도

말레이반도는 대륙에 이어져 있지만 해양으로 길게 목을 빼고 있는 오리의 모양을 하고 있다.

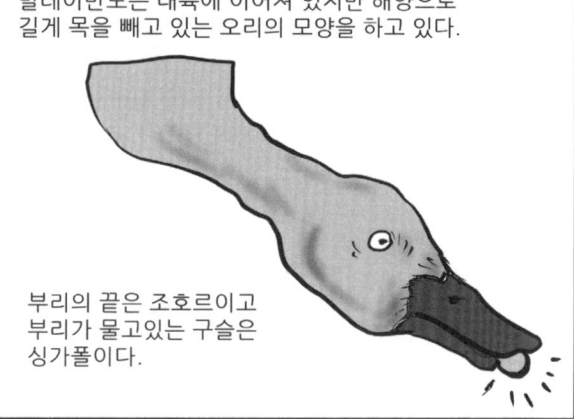

부리의 끝은 조호르이고 부리가 물고있는 구슬은 싱가폴이다.

마치 동남아의 대륙지역과 도서지역을 이으려는 교량과 같아보인다. 그래서 말레이반도는 반대륙, 반도서의 특징을 보인다.

하지만 대륙지역보다는 도서지역과 역사적, 문명적 운명을 공유하기 때문에 도서지역으로 분류된다.

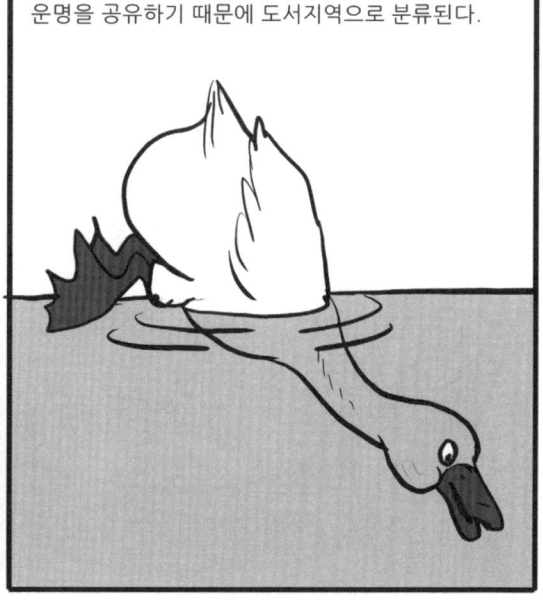

44 — 우리가 몰랐던 동남아 이야기

섬과 대륙을 분류하는 기준은?

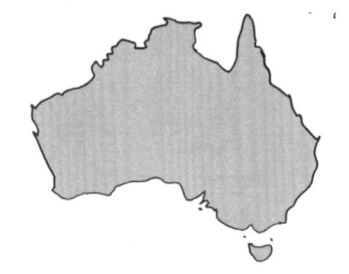

뚜렷한 기준이 없다.
그냥 오스트레일리아까지는 대륙, 그보다 작은건 다 섬이다.

그렇다면 세계에서 가장 큰 섬은?

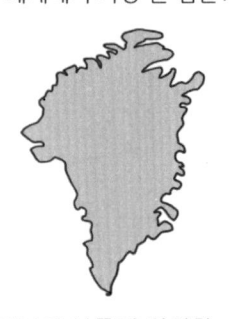

캐나다 북쪽에 위치한 그린랜드.

두번째로 큰 섬은?

동남아시아의 동쪽 끝에 있는 뉴기니

동남아시아의 도서지역에는 세계 랭킹 2위, 3위, 6위의 섬들이 있다.

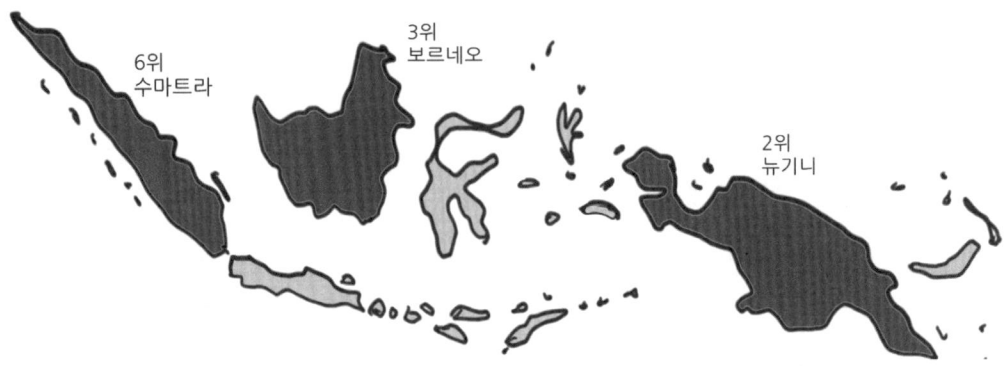

6위 수마트라
3위 보르네오
2위 뉴기니

말레이반도에서 출발하는 첫번째 투어루트는 적도의 남쪽으로 이어진 섬들의 행렬이다.

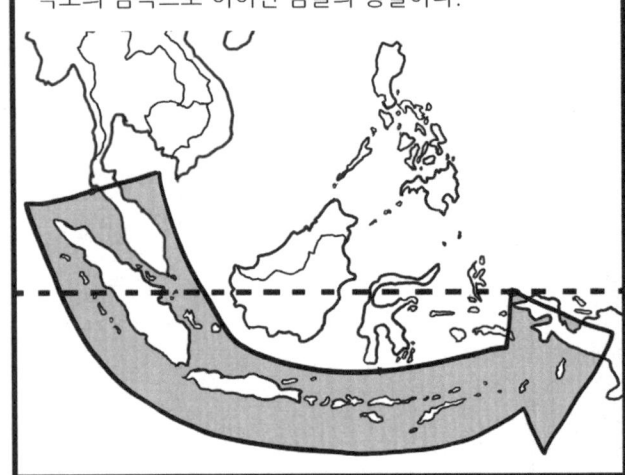

처음 마주치는 섬은 세계에서 여섯번째로 큰 섬, 수마트라.

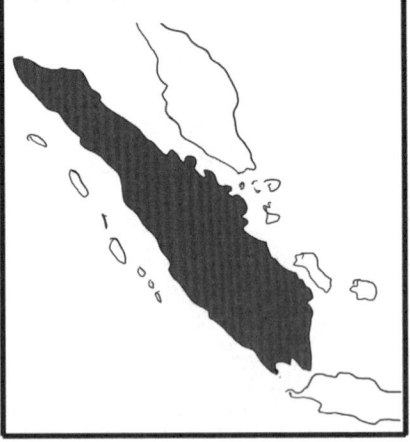

제1장 / 물과 땅, 동남아의 지정학 — 45

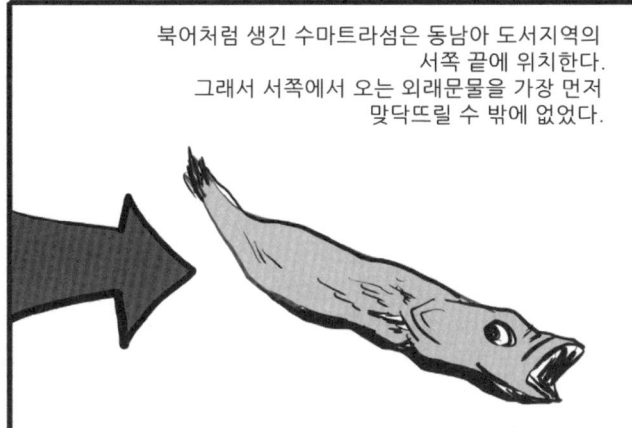

북어처럼 생긴 수마트라섬은 동남아 도서지역의 서쪽 끝에 위치한다.
그래서 서쪽에서 오는 외래문물을 가장 먼저 맞닥뜨릴 수 밖에 없었다.

서쪽 끝 수마트라의 서쪽 끝이 아쩨(Aceh)지역이다.

14~15세기경 해상 교역로를 통하여 이슬람교가 유입되었는데 아쩨지역에 가장 먼저 포교되었겠지.

그래서 붙은 별명이 '이슬람의 베란다'.

지금도 극단적인 이슬람 원리주의를 고집한다.

회교법(샤리아)이 우선하여 태형제도가 아직 남아있다.

하지만 동남아 도서지역의 중심은 수마트라가 아닌 그 동쪽의 자바(자와)섬이었다.
앙코르와트에 이어 두번째로 거대한 사원 보로보두르가 있는 곳.

— 아쩨독립운동 ➡ 4권 256~259쪽

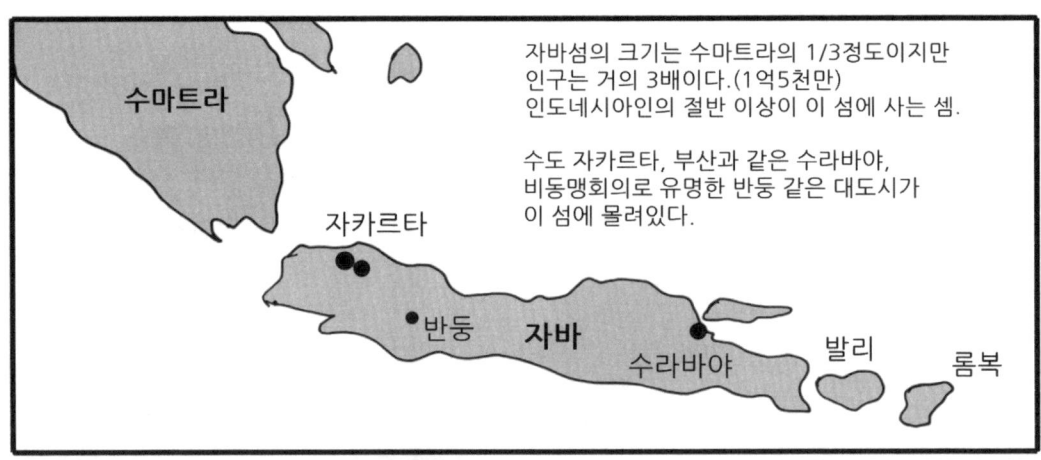

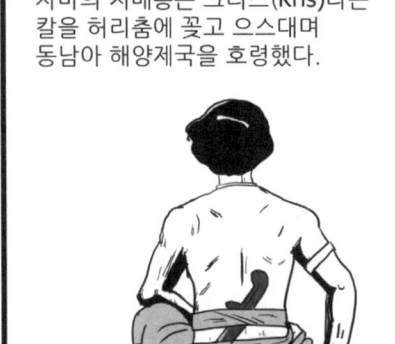

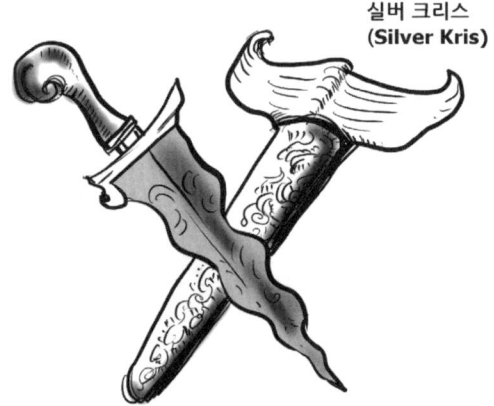

제1장 / 물과 땅, 동남아의 지정학 — 47

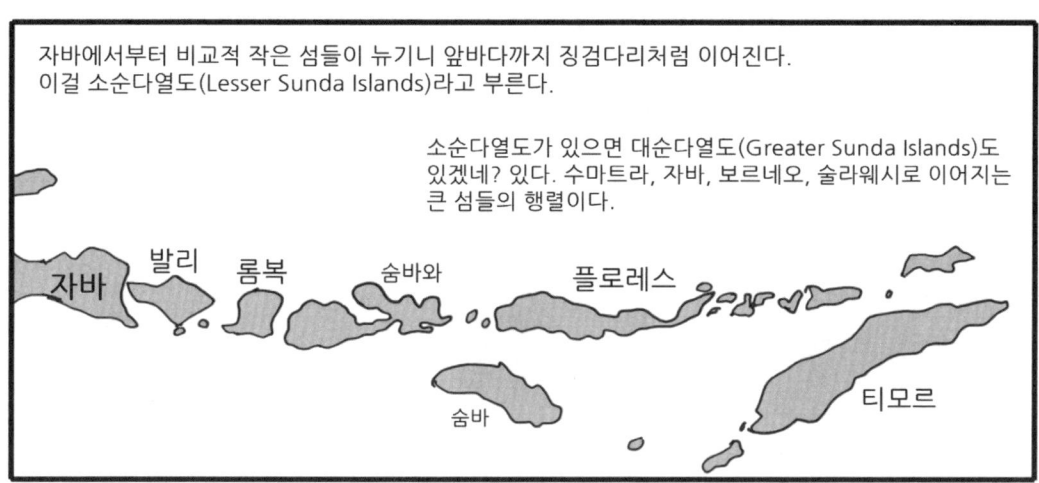

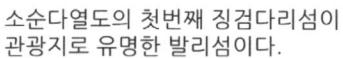

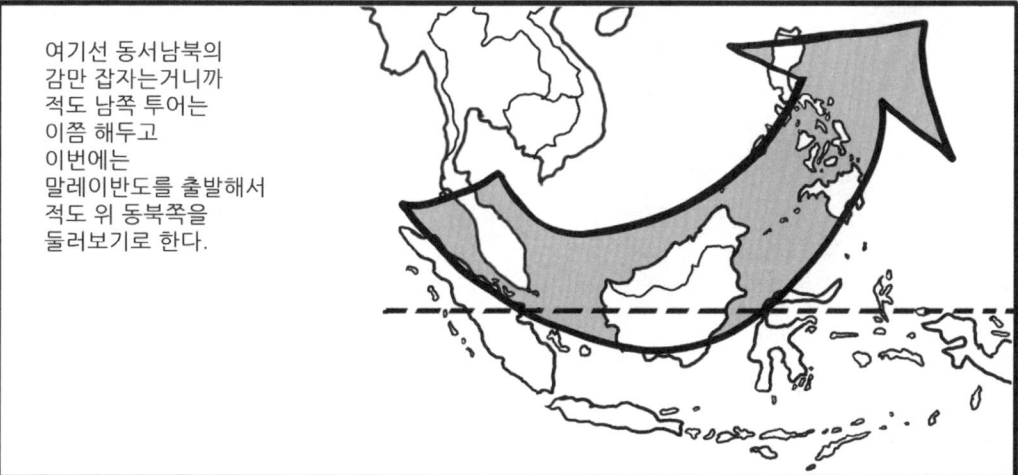

- 발리에 남은 힌두교 ➡ 211~212쪽

- 콘프론타시 ➜ 3권 249~253쪽

제1장 / 물과 땅, 동남아의 지정학 — 49

보르네오의 북동쪽에는 쟁반을 깨뜨린 듯한 섬들이 흩어져 있다. 필리핀이다.

무질서한 조각 같지만 세 부분으로 나눌 수 있다.

위에 큰 조각 하나, 아래에도 큰 조각 하나, 그사이에 자잘한 파편들이 흩어져 있다.

위의 큰 조각이 루손이고 아래의 큰 조각이 민다나오이다. 그 사이 가운데의 자잘한 조각들을 통틀어 '비자야'라고 부른다.

수도인 마닐라는 루손에 있고 관광지로 알려진 쎄부는 비자야의 중심이다.

이슬람이 민다나오까지 상륙한 상태에 스페인인들이 들어와 나머지를 카톨릭 지역으로 만들었기에 민다나오는 분쟁지역으로 자주 뉴스에 등장한다.

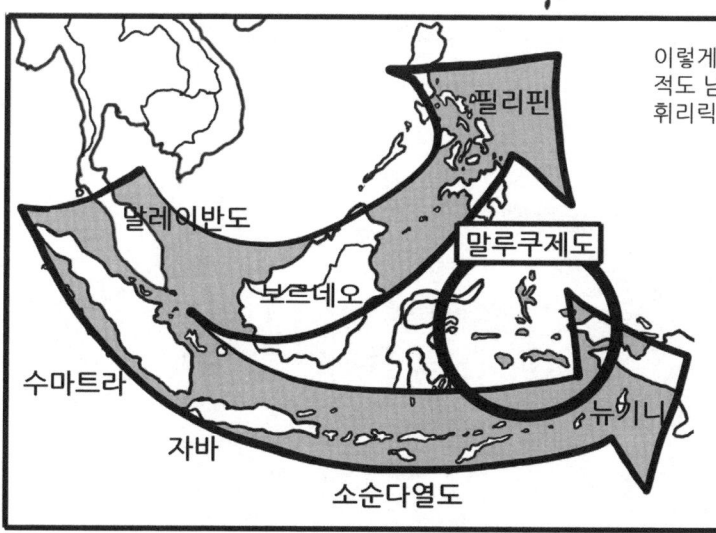

이렇게 말레이반도에서 시작하여 적도 남북으로 두 개의 축을 따라 휘리릭 투어를 마쳤다.

그런데 말이지...
이 두개의 축이 품에 감싸듯 감추고 있는 섬, 말루쿠에 동남아시아의 역사를 바꾼 보물이 숨겨져 있었다.

이 보물이 어떻게 동남아의 역사를 바꾸었는지 곧 이야기하게 될거야.

말루쿠제도의 서쪽에서 긴 머리채를 휘날리며 골키퍼처럼 버티고 선 K군.

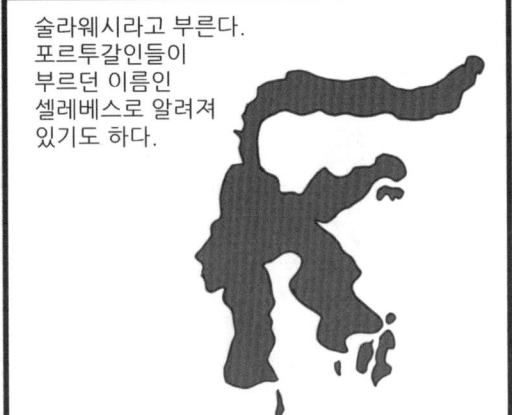

술라웨시라고 부른다. 포르투갈인들이 부르던 이름인 셀레베스로 알려져 있기도 하다.

그리고 말루쿠제도의 동쪽에서 공룡처럼 버티고 선 섬이 세계에서 두번째로 큰 섬 뉴기니이다.

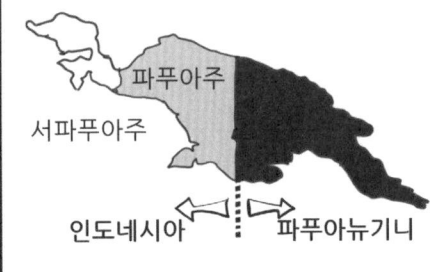

섬의 이름은 뉴기니, 동쪽 절반은 파푸아 뉴기니 독립국, 서쪽 절반은 인도네시아 땅인데 서파푸아주와 파푸아주가 있다.

뉴기니, 파푸아뉴기니, 파푸아주, 서파푸아...

어지럽다. 넘어가자.

이제 동남아 도서지역 투어의 마지막 종착역에 다다랐다. K골키퍼와 공룡이 지키고 있는 곳. **말루쿠제도!**

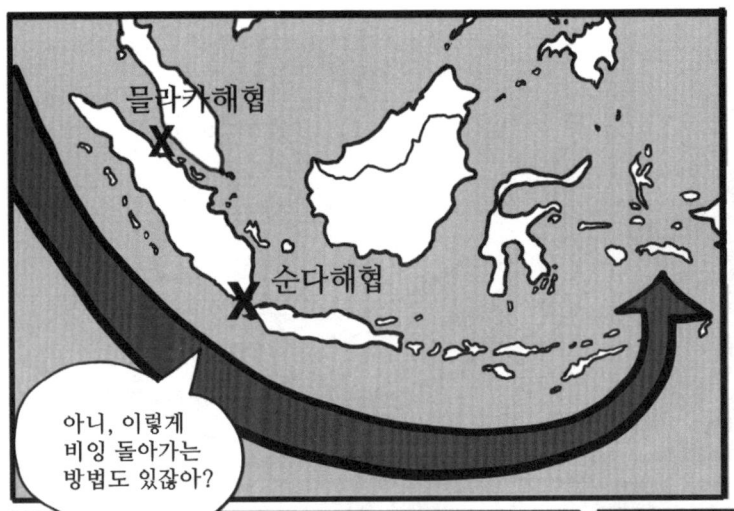

아니, 이렇게 비잉 돌아가는 방법도 있잖아?

폭풍에 노출된 원양에서 이 정도 거리를 돌아간다는 것은 범선의 시대에 삶과 죽음을 갈랐다.

내가 보기에도 턱도 없는 犬소리.

동남아의 근대사는 해협(Strait)의 역사라고 해도 과언이 아니다.

싱가폴의 건설자 스탬포드 래플즈경 (1781~1826)

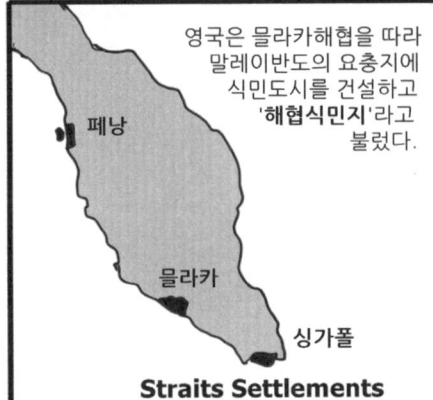

영국은 믈라카해협을 따라 말레이반도의 요충지에 식민도시를 건설하고 '해협식민지'라고 불렀다.

페낭 / 믈라카 / 싱가폴

Straits Settlements

해협식민지에서 경제적으로 자리잡은 상류층 중국인들을 '해협중국인'이라고 부르며 우대했다. 먹고살 길을 찾아 몰려든 쿨리들과 철저히 구분했지.

Straits Chinese

Coolie

싱가폴에서 가장 많이 읽히는 영자신문 이름이 뭐더라?

Straits Times (해협시보)

일단 여기까지. 믈라카해협과 순다해협의 지정학적 중요성만 머리에 담아두고 넘어가자.

이제 대륙지역 투어를 떠나볼까?

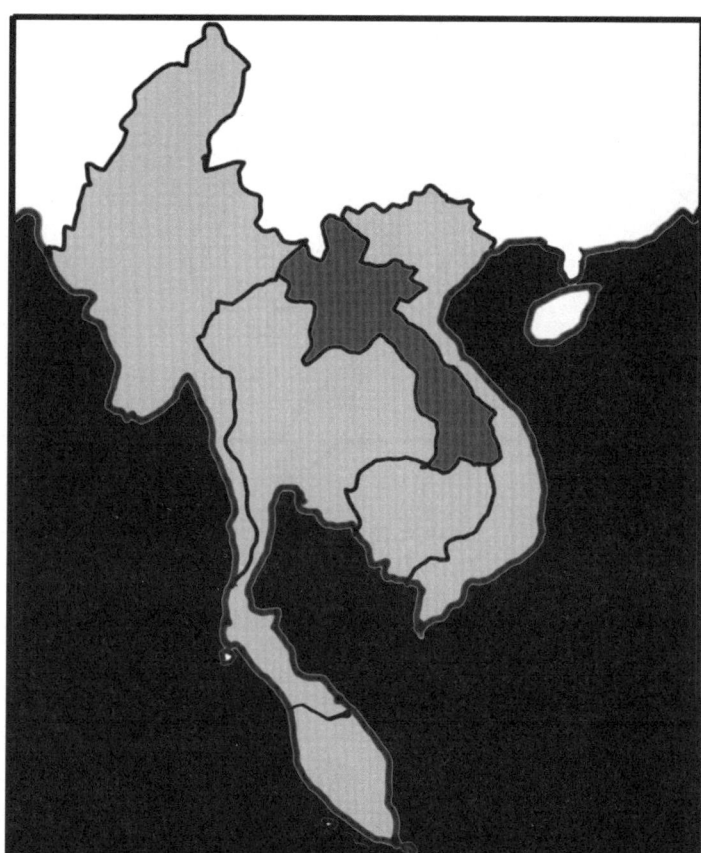

동남아 대륙지역 국가들의 운명을 결정한 가장 중요한 지정학적 요인은 무엇이었을까?

해안선이다.

동남아 11개국 가운데 유일하게 해안선을 가지지 못한 나라가 있다. 어디일까?

라오스.

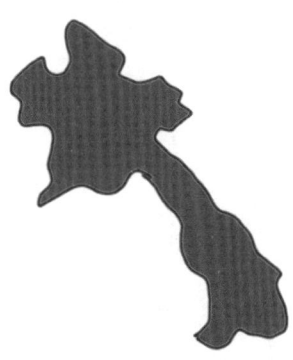

우리도 해군이 있다구!

메콩강에 배를 몇 척 가지고 있긴 하다. 하지만 인터넷에서 라오스 해군(Lao Navy)을 검색하면 라오스의 아이돌 걸그룹이 먼저 뜬다.

라오 네이비예요~

그럼 수군이라고 해둡시다.

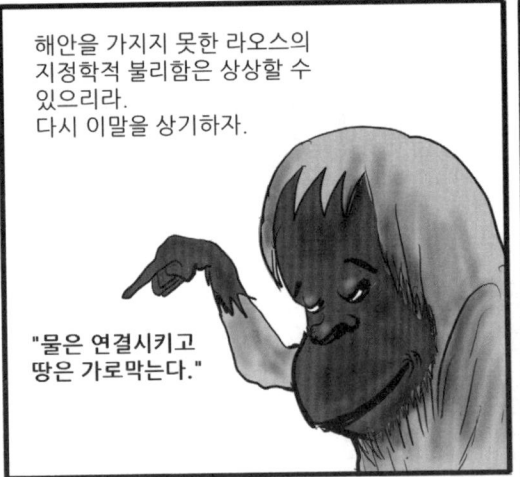

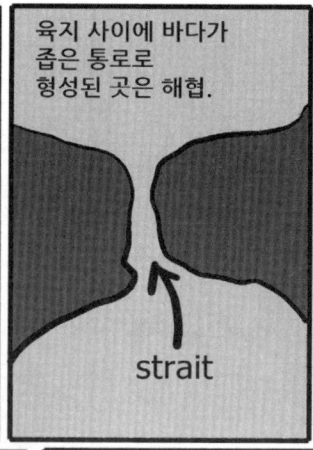
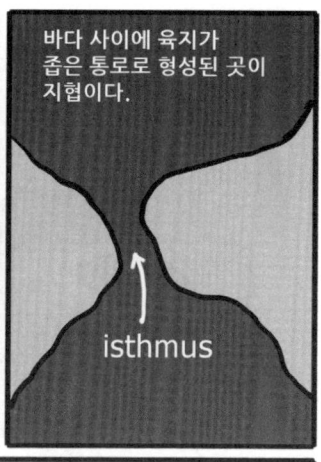
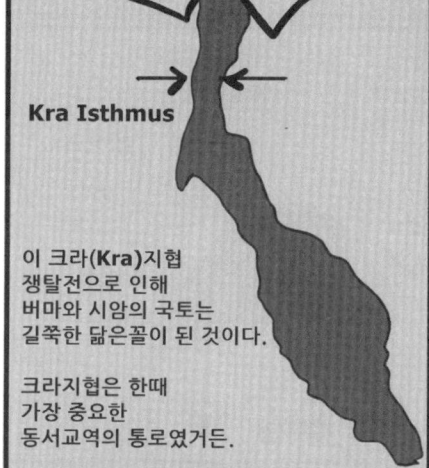

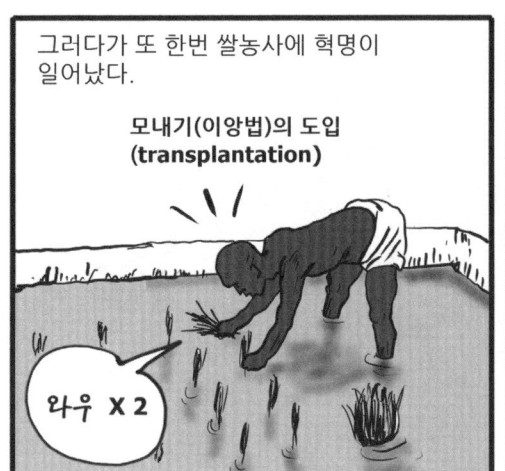

쌀농사 생산성의 증가는 잉여생산을 만들었고 잉여생산은 직접 생산에 종사하지 않고 남의 일에 간섭하는 걸 주업으로 하는 직업, 즉 정치권력이란걸 만들었다.

쌀농사가 발달한 동남아 평야지대의 하천 유역을 따라 인구가 밀집되면서 일찍부터 강력한 권력체제의 왕국이 형성되었다.

모내기와 물관리가 필요한 쌀농사는 매우 노동집약적인 협업을 필요로 한다.

쌀농사를 위한 협력의 필요성은 공동체 안에서 어떻게든 갈등을 피하려는 동남아 특유의 문화를 만들었다. 이때문에 동남아인들은 얼핏 보면 온순해보인다.

유럽의 밀농사는 이와 전혀 다르다. 집단적 협력이 그다지 필요치 않다.

갈등을 당연시하고 갈등을 피하려 하기보다 해결하는데 익숙한 문화가 발전했다.

이렇게 강을 낀 평야지역에서는 쌀농사의 발전에 따라 인구가 집중되고 집단적 문화와 권력체계가 생겨났지만

평야를 떠나 산악지역으로 가면 이야기는 180도 달라진다.

착각하지 말아야 할 것이 동남아의 산악지역은 우리가 익숙한 온대지방 산악과 차원이 다르다는 점이다.

물은 연결하고 땅은 가로막는다는 이야기가 괜히 나왔겠는가.

조선시대에만 해도 임꺽정이 산 속으로 숨어들면 추격하기 쉽지 않았다.

동남아의 산악지역이야 말할 것도 없지.

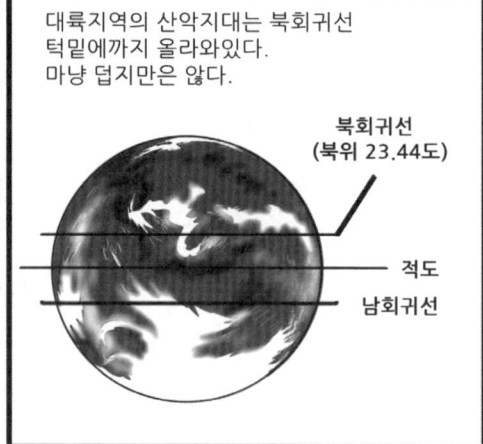

산악지역 날씨야 더하겠지. 그래서 주류민족은 평야와 하천을 차지하고 쌀농사를 짓지만 소수민족들은 산악지대에서 화전농업에 의존한다.

화전민의 생활은 경제와 교육의 혜택에서 소외된 노마드의 삶이다.

19세기에 유럽인들이 일교차가 심한 동남아 대륙지역 고산의 척박한 땅에 딱 맞는 작물을 전파했는데 바로 아편이었다.
아직도 수많은 산악의 소수민족들은 아편재배에 생계를 의존하고 있다.

동남아 대륙지역을 관통하는 공식은 이렇다.
평야, 하천, 해안은 주류종족의 차지
산악, 밀림지대는 밀려난 소수민족들의 땅

이래서 근대국가의 영토 금긋기 이후에 한 국가 안에 두개의 세계가 편입되면서 분쟁과 탄압의 불씨가 되었다.

버마(미얀마)의 소수민족 문제는 하나의 사례에 불과할 뿐이다.

카렌족의 전통인 목을 늘인 여인

카친족 전통의상 여인

62 — 우리가 몰랐던 동남아 이야기

산악이 많은 내륙국가 라오스는 아예 공식적으로 인구 통계를 이렇게 분류해서 잡는다.

가장 꼭대기에 사는 라오쑹,

중간에 사는 라오떵,

그리고 메콩강 유역에 사는 주류종족 라오룸.

소수민족 문제가 가장 심각한 미얀마를 들여다보면 이렇다.

이라와디강 유역 평야지대에 주류민족인 버마족이 주로 거주하고 말발굽처럼 에워싼 산악지대에 샨, 카렌, 카친 등 대분류로 7대종족, 소분류로 수백개의 소수민족들이 분포한다.

식민통치 때 영국은 평야지대를 버마본토(Burma Proper), 산악지대를 버마변방(Excluded Area)으로 아예 구분하여 통치했다.

영국인들에게도 '이이제이'와 같은 식민지통치전략이 있었거든.

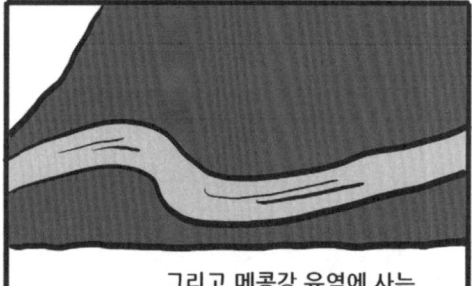

Divide and rule!!

갈라쳐서 통치한다!!

이 정책으로 미얀마의 소수민족문제는 영국의 식민지배를 거치면서 더욱 악화되었다. 오늘날의 미얀마가 그문제를 고스란히 떠안고 있다.

— 미얀마의 소수민족 ➡ 2권 277~280쪽, 4권 135~139쪽

제1장 / 물과 땅, 동남아의 지정학 — 63

동남아 대륙지역의 산악은 티벳고원에서부터 부채살 모양으로 뻗어내려온다.

그 산악지대 사이에 강줄기가 형성되어 평야를 적신다. 수많은 강이 있지만 가장 위대한 4개의 강만 표시해보면…

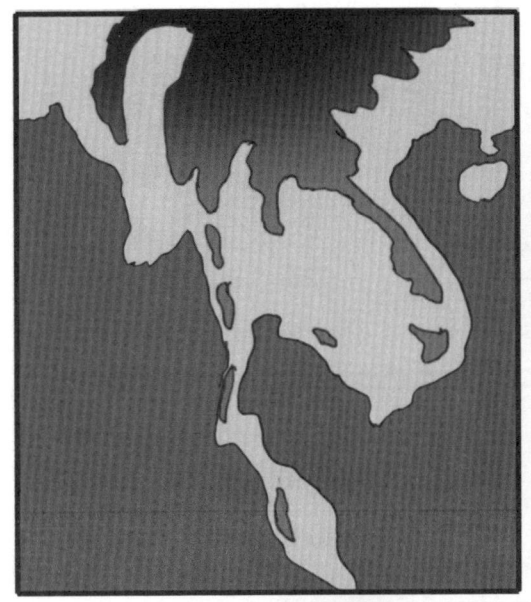
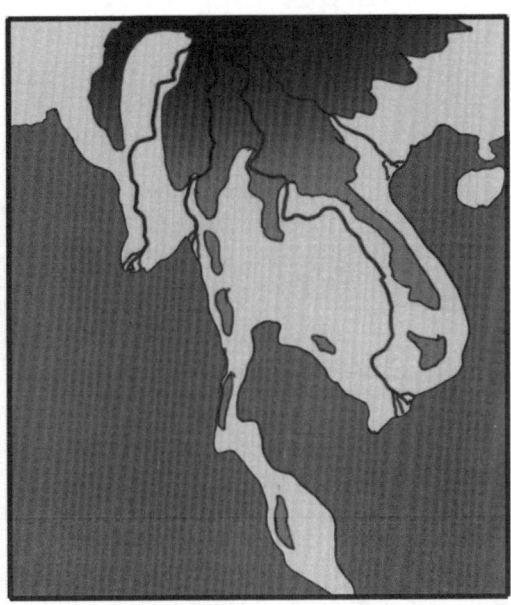

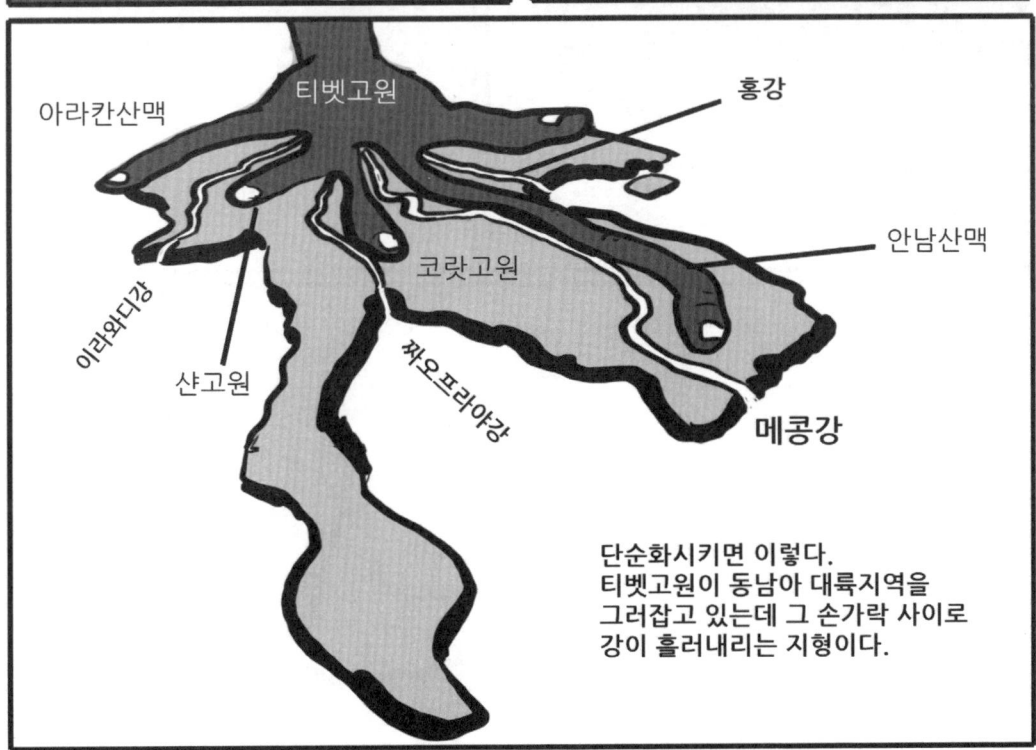

단순화시키면 이렇다.
티벳고원이 동남아 대륙지역을 그러잡고 있는데 그 손가락 사이로 강이 흘러내리는 지형이다.

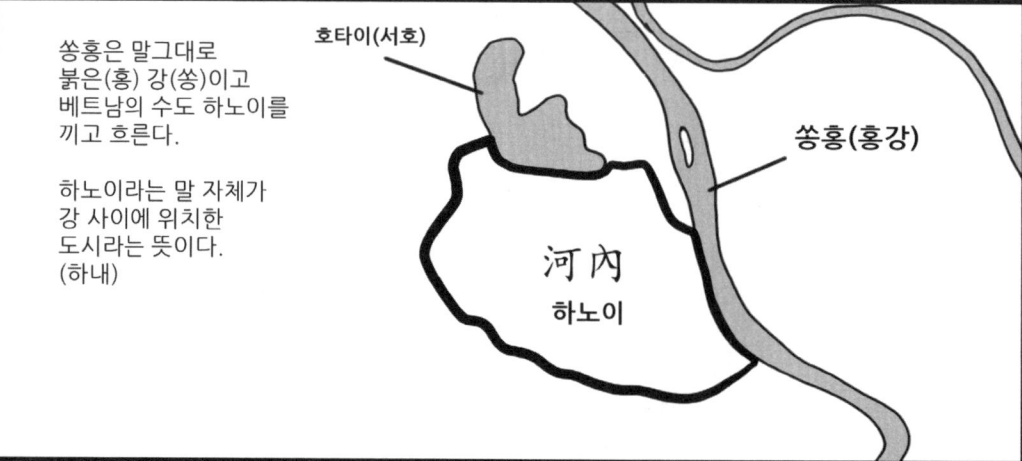

- 골든트라이앵글 ➜ 4권 138~139쪽

뭐니뭐니 해도 동남아에서 가장
위대한 강은 메콩강이다.

아주 오래전 신입사원 시절,
동남아시아 땅을 처음 밟을 때였다.

기내에서 내려다본 장엄한 광경이
아직도 기억에 생생하다.

거대한 뱀처럼 꿈틀거리며 대지를
기어가던 그 강줄기.

메콩삼각주는 베트남 남부지방을 세계최대의 쌀 생산지 가운데 하나로 만들었다.
메콩삼각주부터 상류 쪽으로 거슬러 올라가면,

캄보디아로 들어서서 프놈펜을 지나 라오스와 태국의 국경을 이루며 올라간다.

라오스 수도 비엔티엔에서 메콩강변에 앉아 라오비어를 들이키며 바라보는 석양은 아름답다지.

계속 북상하면 미얀마와 라오스의 국경을 이루다가 중국땅으로 들어선다.

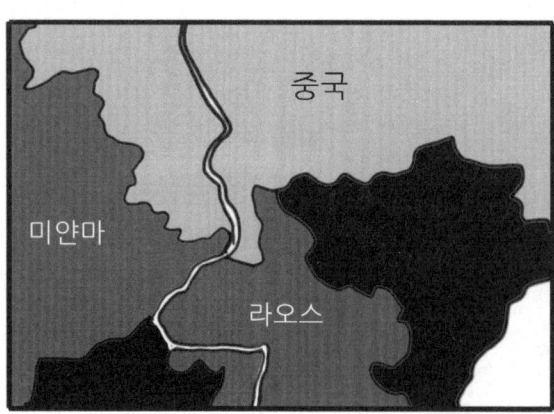

계속 가면 어디까지 올라가는 것일까? 발원지인 티벳고원에 이르게 된다.

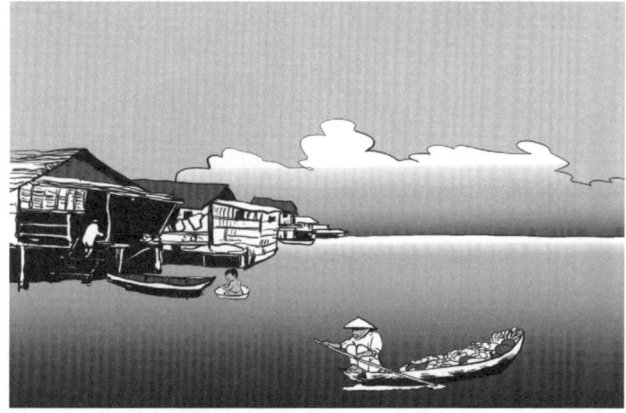

이렇듯 동남아 대륙지역의 주요한 산맥과 강들은 모두 티벳고원에서 발원했다고 보아도 무방하다.

히말라야 정기 이어받은 우리의 강산~

같은 정기를 받은 산하에서 자랐건만 전쟁이 그칠 날이 없었다.

대륙지역 동남아시아의 역사는
전쟁의 역사이기도 하다.
그 산맥과 강들로 경계를 이루면서
징하리만큼 수많은 전쟁들을 벌였다.

앙코르의 영광을 잃어버린 캄보디아와
란상시대에 잠시 반짝한 이후로
힘을 못쓴 내륙국가 라오스는
남비엣(베트남)과 시암(태국)
사이에서 무던히도
시달려야 했다.
국경을 접한 버마와 시암은
오랜 숙적이었다.

지금 형성된 국경선은
종족 사이의 전쟁과
식민지배 시절
유럽인들 사이에 벌어진
땅따먹기의 결과물이다.

현재의 국가들 기준으로 보면
대체로 3강2약의 구도였다.

이제 조금 더 범위를 넓혀서 지도를 바라볼 때이다.
이렇게 바라보면 동남아시아의 지정학적 의미가 분명하게 다가온다.

동남아시아를 사이에 두고 두 개의 위대한 바다가 위치하고 있다.

인도양

태평양

그래서 동남아시아라는 지역을 이야기 할 때 빠지지 않는 표현이 있다.

'세계의 교차로'

오는 사람, 가는 사람 다 거쳐야 하는 길목이란 얘기지.

동아시아의 공장에서 만든 TV를 싣고 유럽으로 가는 콘테이너선

중동에서 한국, 일본으로 오는 LNG선,

이 모두가 거쳐야 하는 길목에 위치한 땅이 동남아시아이다.

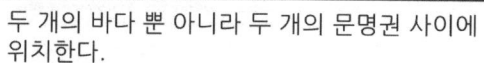
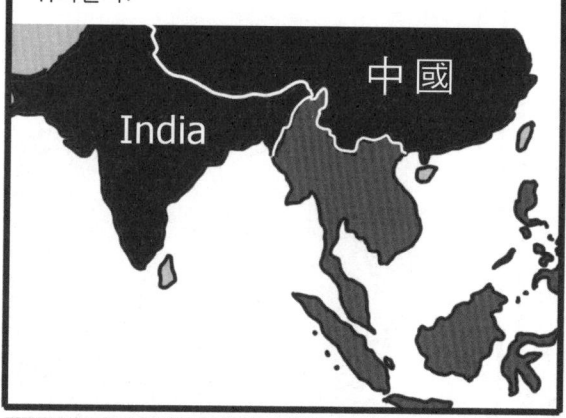

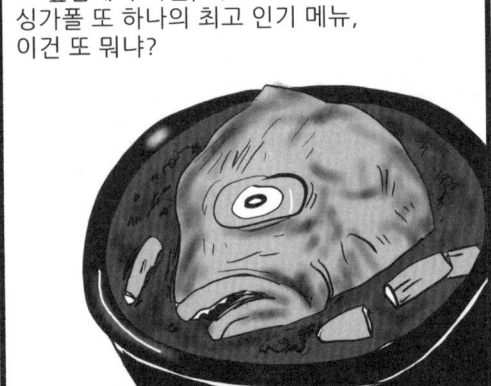

하지만 싱가폴엔 인도 문화도 깊숙이 파고들어와 있다.

볼리우드라고 들어보셨겠지. 봄베이(뭄바이)에서 하도 영화를 많이 찍어내서 만들어진 말.

Bombay + Hollywood

스토리야 언제나 비슷하다. 애틋한 연인들이 등장하고 양가부모가 원수였다나 결혼을 극력 반대하다가…

갑자기 극적인 계기로 두 가문이 오해를 풀고는 느닷없이 온가족이 떼로 깨춤을 추며 해피엔딩으로 마무리하는 뭐 그렇고 그런 댄스 뮤지컬 비슷한건데,

직장 송년회 파티에는 으레 테레사 텅의 노래가 불려지지만 볼리우드풍의 무용단도 초청되어 공연을 하곤 한다.
인도인뿐 아니라 중국인 직원들의 열렬한 호응 속에서.

싱가폴은 중국인이 70%가 넘는 나라라 도시 전체가 차이나타운이라고 할 수 있다. 그럼에도 불구하고 탄종파가(Tanjong Pagar)는 싱가폴의 차이나타운이라고 불리는 지역이다.

의외로 탄종파가의 한복판에 힌두사원이 자리잡고 있기도 하다.

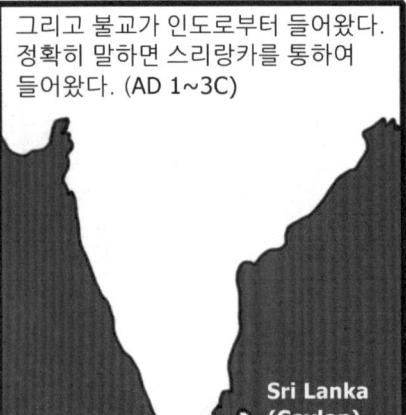
그리고 불교가 인도로부터 들어왔다. 정확히 말하면 스리랑카를 통하여 들어왔다. (AD 1~3C)

대륙지역의 몬-크메르계의 국가들부터 불교를 받아들이기 시작했다. 우리가 잘 아는 캄보디아의 앙코르와트는 힌두교 신전으로 짓기 시작했으나 건설기간중에 불교가 우세해져 완공 후에 불교사원으로 전용된 사례이다.

중국의 승려들이 불법을 공부하러 인도로 유학을 갈 때 동남아를 거쳐 갔다. 왜?
동남아시아가 길목이라니깐.

414년에 법현(Faxian)

688년에 의정(Yijing)

두 승려가 기록을 남겼다.
남국 불교의 수준은
중국보다 훨씬 높소이다.

제1장 / 물과 땅, 동남아의 지정학

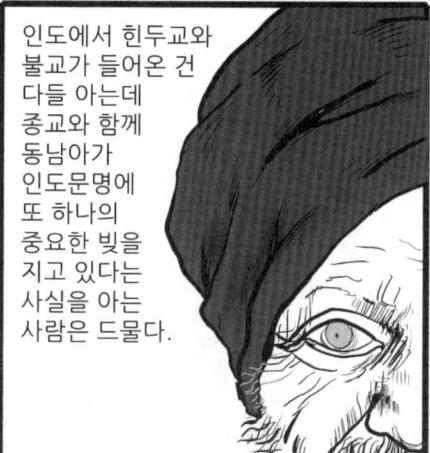

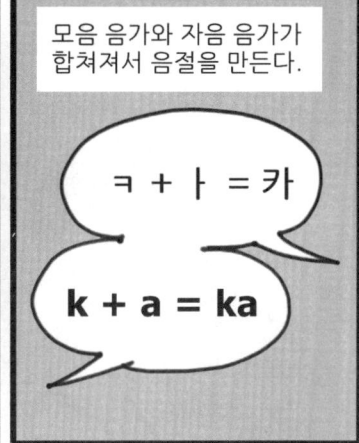

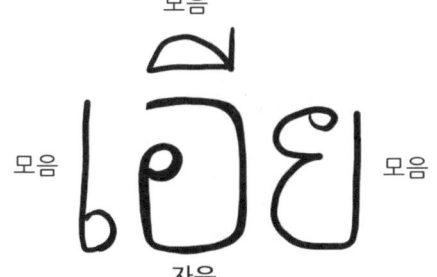

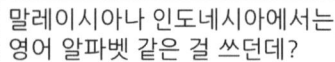

- 추놈, 알렉상드르 드 로드 ➜ 2권 247~249쪽

일단 중국은 동남아 국가들이 귀한 선진문물을 수입할 수 있는 교역국이었다. 대표적인 수입품은 도자기와 비단.

동남아 국가들은 중국으로 별걸 다 수출했다. 품목표를 한번 읊어볼까?

향신료는 너무 당연하고

장뇌, 나프탈린이 없던 시절 장뇌는 귀중한 해충퇴치제였다.

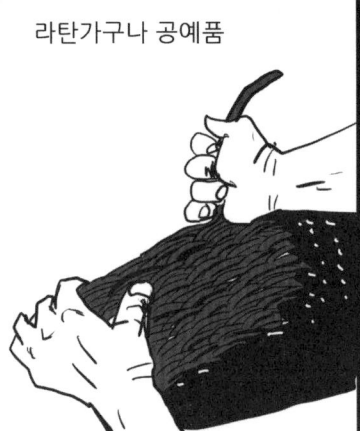

라탄가구나 공예품

주석(퓨터)공예품

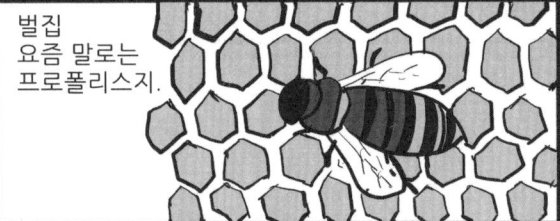

벌집 요즘 말로는 프로폴리스지.

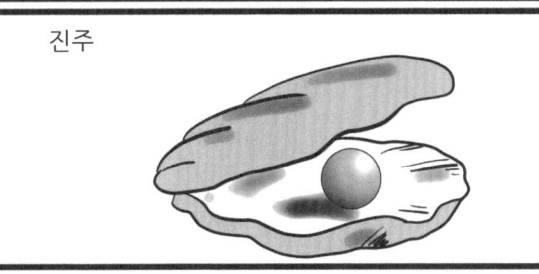

진주

루비하면 버마죠!

루비

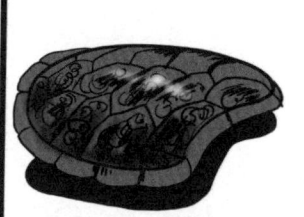

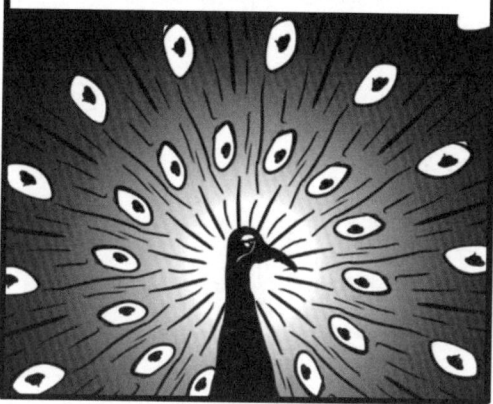

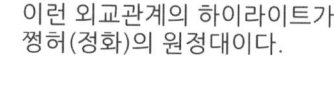

환관이라고 이런 스타일을 상상하면 안된다.

니에~ 니에~

영락제가 대원정을 맡긴 환관 쩡허(정화)는 거세가 되었지만 기골이 장대한 사내였다.

鄭和
(1371~1433)

기록에 의하면 쩡허의 신장은 230센티미터로서 야오밍보다 오히려 컸을 뿐더러 통나무 같은 체구를 가지고 있었다.

쩡허는 1371년 중국 운남성 지역의 마씨 집안에서 태어났다. 그래서 원래 이름은 '마허'.

마씨 집안은 원나라의 벼슬을 하고 있었는데 그가 태어난 때는 원명교체기였다.

영락제는 이 정통성 확보사업을 쩡허에게 맡겼는데
쩡허도 체구만큼이나 스케일이 남달랐다.
300척이 넘는 함대 규모에다가
기함은 길이 50미터가 넘는 위용을 자랑했다.

약 90년 후에 콜럼버스라는 친구가 항해에 나섰을 때 기함 산타마리아호의 크기가 겨우 17미터 남짓이었다.

쩡허의 함대는
1405년 1차원정을 시작으로
1433년까지 일곱 차례 원정을 하면서
아라비아반도와 동부 아프리카까지
국위선양을 위한 순방을 했다.

이 지역에서 여러가지 진귀한 물건을
수집해왔지만 가장 호응이 뜨거웠던
수집품은 이 동물.

이 동물의 이름을 정해야 했는데...

우와!!

이름이 뭐여?

필리핀의 대중가요 중에서 세상에 가장 널리 알려진 곡은 1970년대말 프레디 아길라가 발표한 '아낙'이리라.

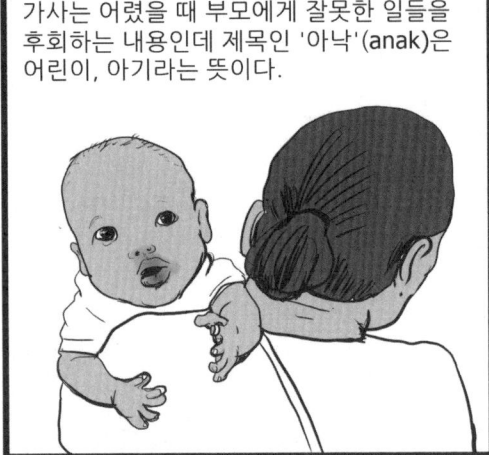

가사는 어렸을 때 부모에게 잘못한 일들을 후회하는 내용인데 제목인 '아낙'(anak)은 어린이, 아기라는 뜻이다.

그래서 프라나칸(per-anak-an)은 동남아 현지에서 아낙(anak)으로 태어난 중국인이라는 뜻으로 만들어진 말이다.

Made in 동남아

프라나칸 남자는 바바, 여자는 노냐라고 부르기 때문에 '바바노냐'문화라고도 한다.

바바(Baba) 노냐(Nonya)

언어, 복식, 음식이 다 짬뽕이다.

조상제사를 지내는거 보면 중국인 같은데

베텔을 씹는걸 보면 동남아인 같단 말이야.

오랑찌나 부칸찌나. Orang Cina bukan Cina.

중국인이지만 중국인이 아닌 사람들.

— 베텔 ➡ 262~264쪽

프라나칸들은 일찍 자리를 잡았기에 동남아에서 정치나 경제계의 거물들을 배출하기도 했다.

이들은 쩡허의 망망한 항해에서 동남아라는 육지에 닻을 내린 사람들이다.

쩡허의 원정대가 동남아에 남긴 가장 큰 유산은 이곳에 정착한 프라나칸의 선조들일지도 모른다. 이들이 이후 수백년간 동남아로 몰려든 중국인들의 닻과 같은 역할을 했기 때문이다.

인도문명이 동남아를 종교와 문자로 깨워놓았다면 중국은 이민자들로 동남아의 역사를 흔들었다.

그렇게 동남아시아는 중국과 인도의 사이에서 양대 문명을 받아들여 혼합시켰다.

서양인들이 와서는 이걸 보고 동남아 대륙지역 전체를 **인도차이나**라고 불렀다. 시간이 더 지나 프랑스인들이 베트남, 라오스, 캄보디아를 점령하고는 프랑스령 인도차이나라고 하여 더욱 혼란스러운 이름이 되었다.

서양인 멋대로의 작명이지만 인도와 중국 사이에서 교류하고 발전한 동남아시아의 지정학적 특징만큼은 확실히 짚어내고 있다.

제2장

사람들, 동남아의 이민사

동남아시아 대륙과 섬에 살고 있는 6억 5천의 사람들...

그들은 누구인가?

그들은 어디서 왔을까?

제2장 / 사람들, 동남아의 이민사 — 97

더 오래전부터
더 다양한 종족들의
이민이 몰려들었기
때문이다.

일단 착한 몬순바람의
해양으로 바깥세계에
열려있는데다가

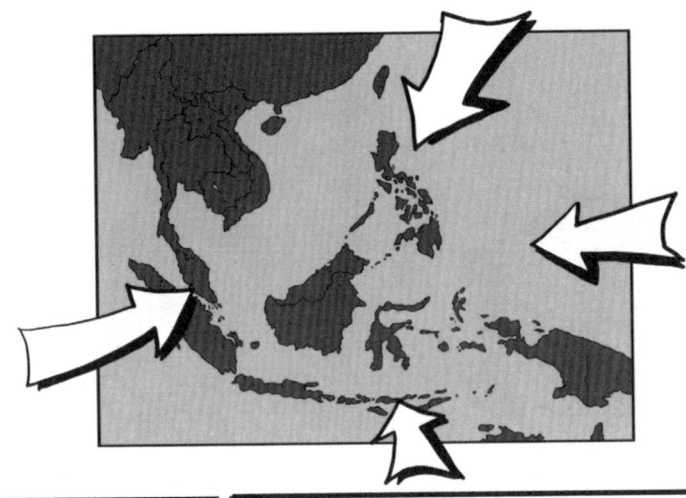

인도와 중국이라는
세계최대 인구밀집지역의 가운데
위치한 지정학적 특성이 있다.

이런 지정학적 특성이 고달프고
굶주린 입들을 끌어들였다.

"여기선 굶어죽진 않겠다."

"아부지 여기도 많아유."

일본인 이민까지 한참 옛날부터
동남아 역사의 길목마다 등장하는
사실을 우리만 모른다.

"용병으로 써주지 않겠소?"

그래서 동남아의 역사는 이민의 역사다.

  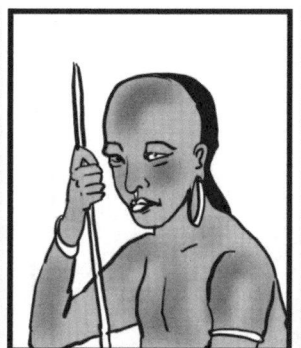 

식민지 점령을 위하여 건너온 유럽인들의 입장에서는 동남아시아에 살고 있던 모든 사람들이 원주민이었다.
하지만 원주민들도 건너온 사정이 다르고 시기가 다르다. 종족이나 어족도 저마다 다르다.
대충의 분류로도 수백 개의 다른 언어를 구사하는 수백개의 종족들이 뒤섞여 살고 있는 곳이 동남아시아다.
그들에게 단일민족, 이런 개념은 애초부터 없었다.

그들 한 사람 한 사람이 이 땅에 흘러들어온 이민의 역사를 짚어보면
오늘날의 동남아를 이해할 수 있지 않을까?

동남아 이민의 역사는 복잡하다. 어디까지가 원주민이고 어디부터가 이주민인지 그 경계도 확실치 않다.

형씨는 언제 왔수?

그나마 확실히 원주민이라고 할 수 있는 종족이 있는데 필리핀, 말레이시아, 뉴기니에 수천명 정도 남아있는 '네그리토'.

필리핀에서 이들을 본 스페인인들이 붙인 이름이다. '작은 흑인'이라는 뜻.

머리카락도 곱슬이고 피부도 검고

아프리카 흑인과 비슷한데 키가 작군

모든 인류는 아프리카 북부 어딘가에서 퍼져나온거니까.

Out of Africa

말레이시아에선 이들을 오랑 아슬리(Orang Asli)라고 부른다. 오랑은 사람이란 뜻이고

오랑우탄 =숲속의 사람

아슬리는 오리지날이란 뜻이다. 네그리토 뿐 아니라 자기들이 오기 전부터 살고있던 사람들을 싸잡아 부르는 말이다.

이 오랑 아슬리들을 밀어내면서 동남아시아에 첫발을 디딘 사람들은 오스트로네시아(Austronesia) 계통의 언어를 구사하는 사람들이었다.

이들은 남쪽 바다로부터 배를 타고 나타난게 틀림없다.

오스트로네시아라는 말이 남쪽의 섬이라는 뜻이다. 항해에 능한 해양종족이었다.

austro (남쪽)
+ nesia (섬)
= Austronesia

동남아 도서지역의 주류가 대부분 수천년 전에 들어온 오스트로네시아어계 이민들이다.

말레이시아, 인도네시아, 브루나이는 말레이어라는 언어를 함께 사용한다.

Selamat pagi~

슬라맛 빠기~

굿모닝 인사군.

차이가 있어봐야 남한과 북한언어 정도의 차이라고 할까?

지금 냉면이 목구멍으로 넘어갑네까?

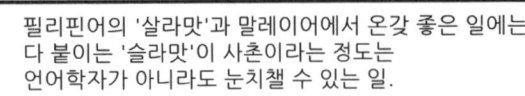

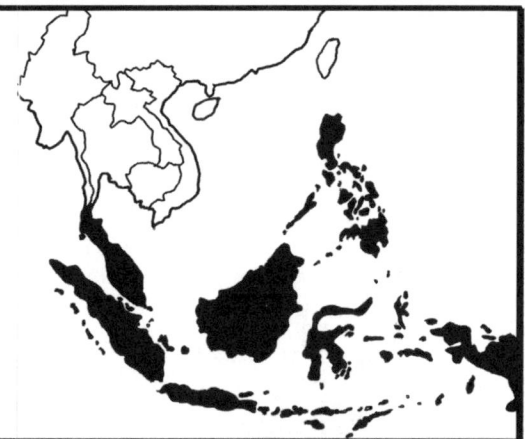

— 인도네시아의 말레이어 채택 ➔ 3권 216~217쪽

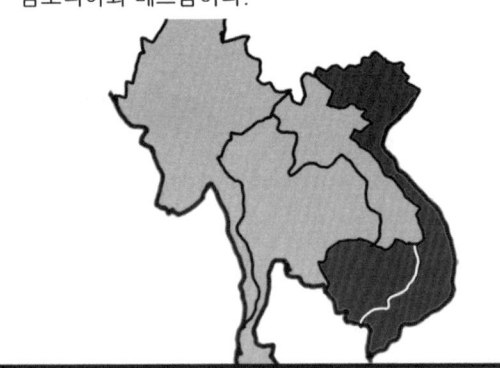
오스트로아시아틱어계가 동남아 대륙지역 전체에 분포하고 있긴 하지만 주류를 이루고 있는 나라는 캄보디아와 베트남이다.

오스트로아시아틱어의 또다른 이름이 몬-크메르어이다.
몬족과 크메르족의 언어?
베트남은 왜 제목에서 빠졌지?

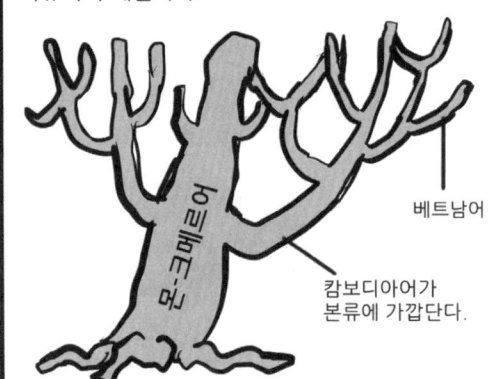
베트남어는 몬크메르어의 주류에서 많이 변화한 지류이기 때문이다.
베트남어
캄보디아어가 본류에 가깝단다.

몬크메르어는 기본적으로 성조가 없는 언어인데 베트남어는 성조를 여섯가지나 구사하는 방향으로 진화되었지.
새가 지저귀는 것 같구먼.

크메르족은 들어봤지만 몬족은 생소한데?

몬족은 자체적인 국가를 세우지는 못했지만 이라와디강 주변 지역의 주도권을 놓고 버마족과 치열한 전투를 벌인 역사가 있다.

지금 태국의 왕가인 짜끄리가문도 중국계와 몬계의 혈통이 섞여있다고 한다.

짜끄리왕조의 시조 라마1세
(1737~1809)

- 몬족과 버마족의 투쟁 ➔ 2권 84~88쪽

이렇게 해서 도서지역은 오스트로네시아, 대륙지역은 오스트로아시아틱 (몬크메르) 말을 쓰는 동남아시아의 1세대 이주민들이 터를 잡았다. 기원전 수천년에 걸쳐 일어난 일이다.

비교적 최근이랄 수 있는 2천년 전부터 2세대 이주민이 대륙지역으로 들어오기 시작했다. 중국 남부지역에서 한족에게 밀려난 타이(Tai)족이었다.

유럽에서 훈족의 압박으로 인한 게르만 대이동이 있었다면 동남아에서는 타이족의 이동이 있었다.

타이(Tai)족의 이동은 생존을 위한 여정이었다. 곳곳의 토착민들과 싸우기도 하고,

그들과 동화되기도 하면서 곳곳으로 퍼져나갔겠지.

어디까지 퍼져나갔을까?
중국남부(광서성 일대)에서 출발한 타이족의 한 무리는 메콩강상류에 정착했고
다른 무리는 짜오프라야강 유역을 차지하고
일부는 샨고원까지 이르렀다.

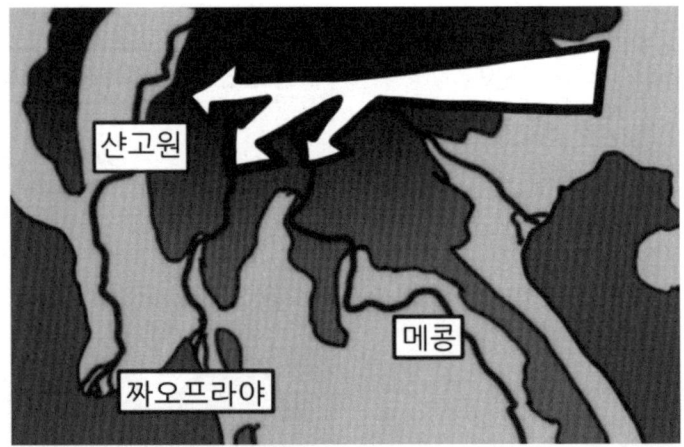

그리하여 지금의 라오스와 태국에서는 주인이 되었고 미얀마에서는 샨고원 일대를 차지한 최대의 소수민족으로 남아있다.

샨족의 언어는 태국인들과 의사소통이 될 정도는 아니지만 적어도 버마어보다는 태국어와 가깝다. 반면에 라오스인들과 태국인들은 별 불편없이 서로 대화가 가능하다.

태국 코랏고원의 이산족들은 태국보다 오히려 라오스어에 더 가까운 언어를 쓴다.

제2장 / 사람들, 동남아의 이민사 — 109

타이족에 이어서 동남아 대륙지역의 주류 이민사를 일단락할 집단이 들어온다.
시노티베토(Sino-Tibeto)어계에 속하는 버마족이다.

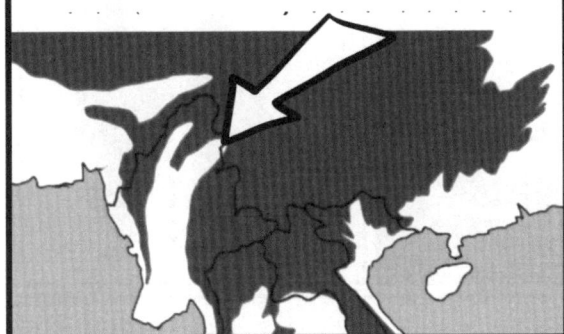

이라와디강 상류에 자리잡은 버마족이 하류의 비옥한 땅을 지배하던 몬-크메르 계열의 페구(바고)왕조를 몰아내고 이라와디 평야의 주인이 된 것이 16세기의 일이다.

버마족은 무를 숭상하는 민족이었나보다.
몬족 뿐 아니라 주위의 수많은 종족들과 전투를 벌이며 성장했는데

특히 이웃한 타이족의 시암과는 천년동안 전쟁을 이어간 라이벌 사이이다.

패전국의 왕실이 졸지에 노예가 되고 수도는 폐허가 되는 잔인한 전쟁들이었다.
태국의 찬란하던 아유타야왕조가 멸망한 것도 버마의 침공때문이었다.

- 아유타야의 멸망 ➡ 2권 89쪽

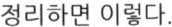

정리하면 이렇다.

(1) 원주민들이 살던 동남아 땅에

(2) 1세대 이민으로 도서지역에 오스트로네시아어계의 이민이 들어왔고

(3) 대륙지역에 오스트로아시아틱(몬크메르)어계가 들어와 자리잡았는데

(4) 대륙지역의 2세대 이민이 이어졌다. 중국대륙에서 한족에게 밀려난 타이족이 들어왔고

(5) 이어서 버마족이 이라와디강을 따라 내려와 왕국을 건설하며 동남아 이민사의 1장을 마무리한다.

이걸 극도로 단순화하면 현대의 국가들과 대응하여 이런 지도를 그릴 수 있다. 수백 갈래의 소분류와 소수 민족을 생략하고 주류 어족 이민사의 결과만 요약하면 이렇다는 말이다.

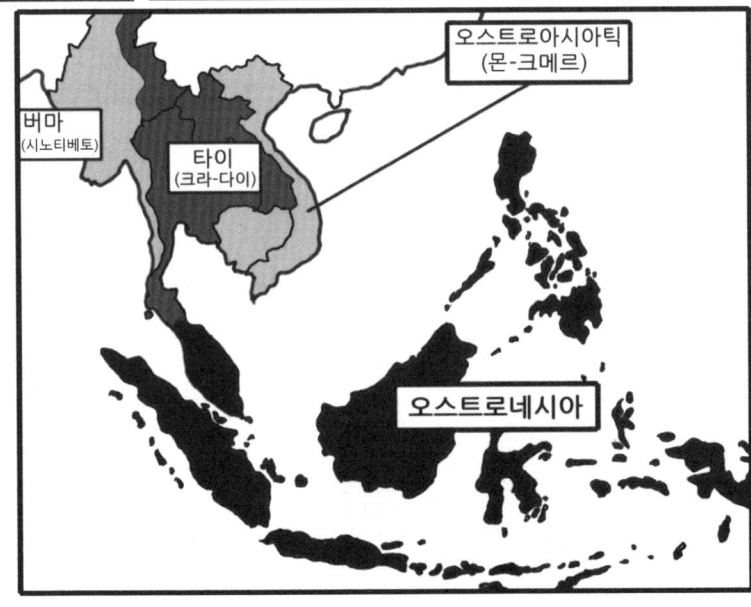

제2장 / 사람들, 동남아의 이민사 — 111

여기까지가 자칭 타칭 동남아의 원주민이라고 인정받는 사람들이다. 본 바와 같이 그들도 원래는 이주민이었지만…

그후에 들어온 이민들은 이방인으로 대접받았다. 세계의 개방된 길목인 동남아에 이민이 끊어질 리 없다. 12세기 이후 이슬람교와 함께 중동의 장사꾼들이 몰려와 일부는 동남아에 남았다.

태국의 짜끄리 왕조 초기의 킹메이커였던 부낙가문은 페르시아에서 왔고

리콴유의 저격수였던 말레이시아 정치인 자파의 사이드 집안은 아랍계의 후손이다.

인도계의 이민도 이어졌다. 초기에는 힌두교의 사제로 동남아 왕실에 권위를 더해주는 역할을 주로 했지만

인도 이민의 대부분은 영국인들이 자신들의 편리를 위해 식민지 시절 끌고 들어온 사람들이다. 절대다수는 남부의 타밀계였다.

하지만 동남아시아 근현대사 최대의 역동적 드라마를 만든 건 뭐니뭐니 해도…

중국인들의 이민사라고 할 수 밖에 없다.

- 부낙가문 ➜ 2권 153~158쪽
- 사이드집안 ➜ 3권 190쪽

때마침 유럽의 산업발전에 따라 동남아의 식민지에 자원개발 붐이 불었다.

주석광산에도

고무농장에도 노동력이 필요했다.

동남아를 점령하고 있던 유럽인들은 중국인들을 받아들이는데 적극적이었다.

현지인들보다 부지런하고

자기 나라도 아니니 이런 일도 없을 것 아냐.

독립 만세!!

즉, 중국인 이민노동력의 공급과 동남아 노동시장의 수요가 맞아 떨어진 것이다.

중국인의 동남아 이민은 수천년에 걸쳐서 이루어졌지만 19세기에서 20세기초에 클라이맥스를 찍었다.

이 100년간의 대규모 이민이 동남아의 역사를 바꾸었다.

이렇게 해서 장사는 중국인, 농업은 현지인. 도시는 중국인, 농촌은 현지인이라는 공식이 동남아에 생기기 시작했다.

동남아의 어느 도시를 가든 만날 수 있는 이런 건물, 샵하우스(Shophouse)라고 부르는 이 건물들이 동남아 중국상인들이 남긴 유적이다.

1층은 가게로 쓰는데 길에서 들여지어 손님들이 비와 직사광선을 피하도록 했다. 이 회랑의 폭은 동남아 어딜 가나 1.5미터이다.

2층은 살림집이나 창고로 썼다. 집값과 세금이 1층 가게의 전면 폭에 비례했기 때문에 대개 앞 폭은 좁고 뒤로 길쭉한 모양으로 지어졌다.

뜨거운 열대의 한적한 오후, 샵하우스 1층 가게의 컴컴한 그늘, 그리고 그 안에서 졸고있는 중국인 점원.

이런 모습이 동남아 첫인상의 강렬한 이미지로 뇌리에 각인되어 있다.

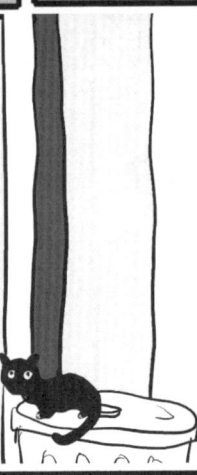

동남아로 건너온 중국인 이민의 99%는 중국남부 해안지방 출신이다. 동남아와 지리적으로 가까우니 그럴만도 하지.

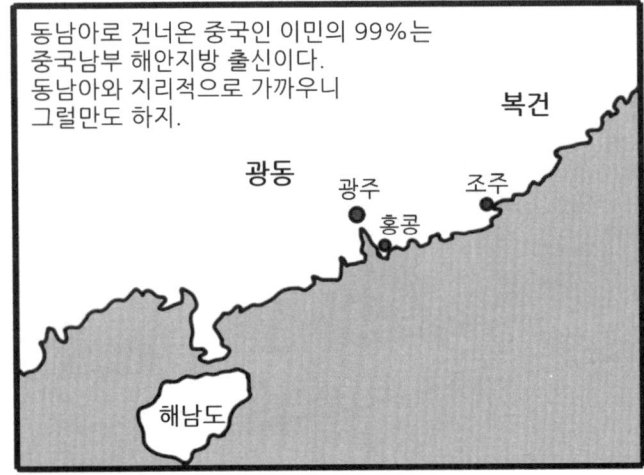

한반도로 온 중국인 이민의 대부분이 산동성 출신이듯이.

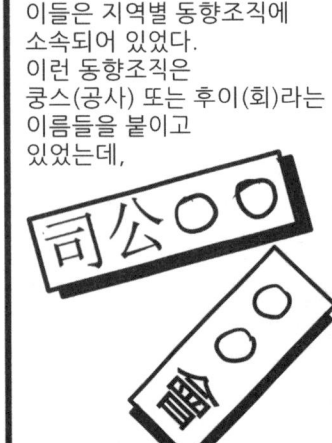

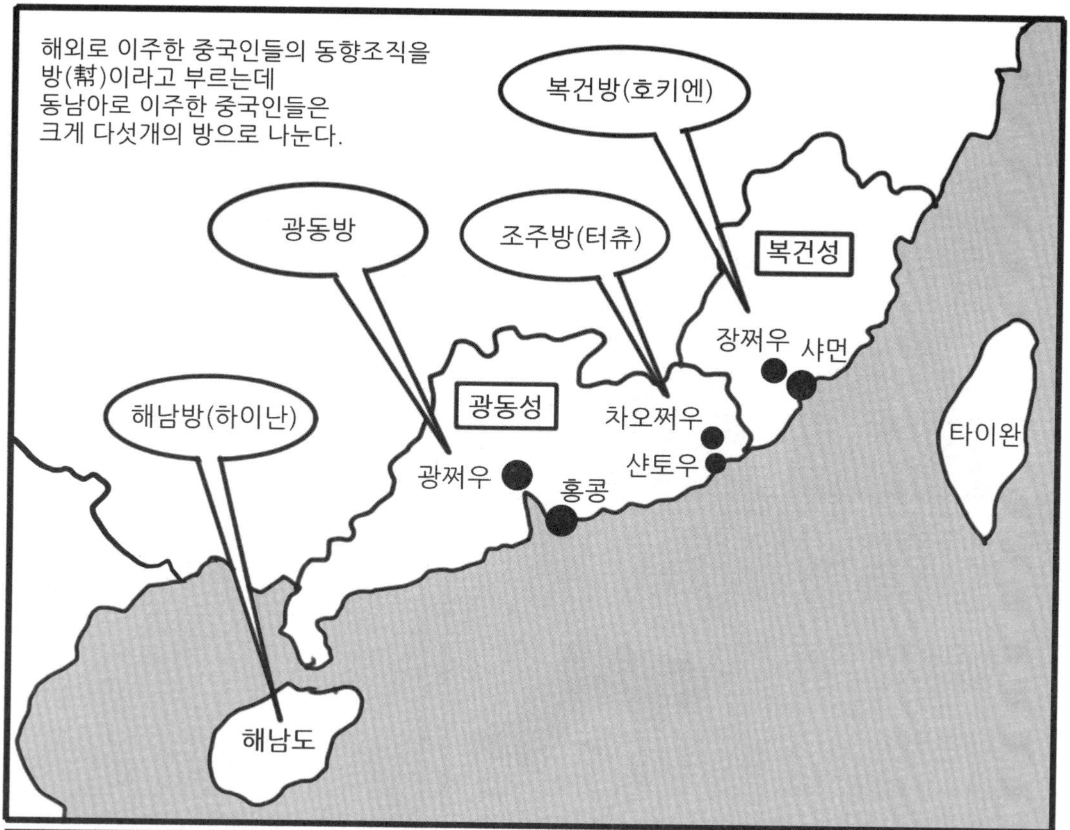

해외로 이주한 중국인들의 동향조직을 방(幇)이라고 부르는데 동남아로 이주한 중국인들은 크게 다섯개의 방으로 나눈다.

복건방(호키엔)
광동방
조주방(터츄)
복건성
해남방(하이난)
광동성
장쩌우
샤먼
차오쩌우
샨토우
광쩌우
홍콩
해남도
타이완

복건방, 조주방, 광동방, 해남방...
방,방,방,방
네개 방밖에 안보이는데?
다섯개의 방으로 나눈다며?

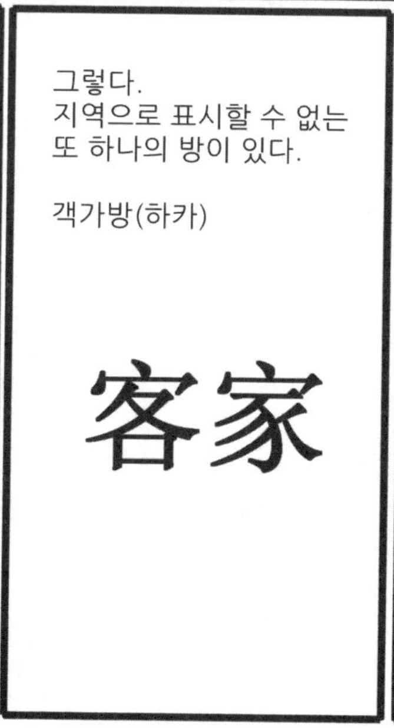

그렇다.
지역으로 표시할 수 없는
또 하나의 방이 있다.

객가방(하카)

客家

이름 그대로
손님처럼 나그네처럼
먼길을 흘러흘러
동남아로
이주한 집단이다.

하카(객가)는 언젠지도 모를 아주 오랜 세월 전 중국의 중원지역에서부터 유랑에 유랑을 거듭하여 남쪽까지 떠내려온 사람들이다.

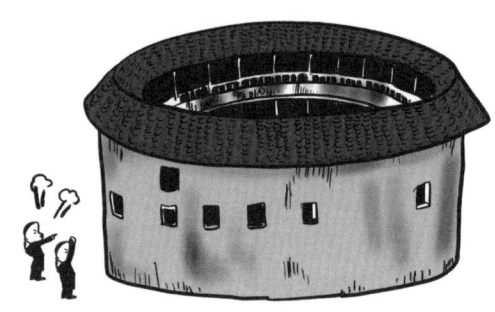
천년의 유랑에도 불구하고 자기들만의 말과 독특한 문화를 지켰다. 투러우(土樓)라고 하는 이런 독특한 공동주택을 지어서 함께 생활했다.

투러우의 모양에서 짐작할 수 있듯 주거부터 방어에 신경을 써야 할 정도로 가는 곳마다 토착민들에게 핍박을 받았다.

그래서인지 억척스러운 생활력을 가지고 있고 군인과 정치가들을 많이 배출했다.

청말에 태평천국의 난을 일으킨 홍슈취안이 하카 출신이고
(1814~1864)

싱가폴의 국부 대접을 받고 있는 리콴유가 하카 출신이다.
(1923~2015)

이 방(幫)이란 것이 왜 중요했냐하면 같은 방끼리만 말이 통했기 때문이다.

하카 뿐 아니라 복건, 광동, 조주, 해남방도 사실은 지역적 구분이라기보다 동일한 언어와 문화의 그룹이었던거지.

제2장 / 사람들, 동남아의 이민사 — 121

복건과 광동 사이에 위치한 조주방의 경우 행정구역상으로는 광동성에 속해있지만 언어는 오히려 복건방에 가까운 '민남어' 계통이다.

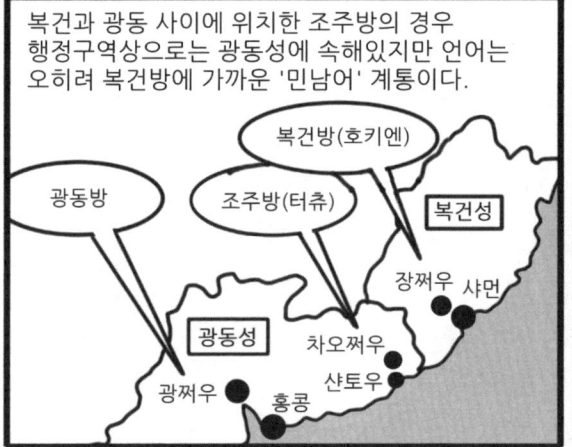

차오쩌우(조주)와 샨토우를 묶어 '차오샨'이라고 부르는데 '차오샨차이'라는 독특한 풍미의 요리로 유명하다.

조주(潮州)를 만다린식으로 읽으면 '차오쩌우'이고 지역 사투리대로 읽으면 '터츄'(Teochew)이다.

중국에는 저마다 자기들이 제일 지독하다는 상인들이 많은데 샨토우 상인도 한가닥 한다.

샨토우 샹하이 닝보

동남아에는 호키엔(복건방)과 광동방이 가장 많고 터츄(조쥬방)와 하카(객가방)는 이따금 봤는데 하이난(해남방)은 흔하지 않다.
동남아의 길거리 음식으로만 만나보았다.

Hainan Chicken Rice

이들 말이 통하는 같은 방의 동향인들끼리 돈을 추렴하여 회관도 짓고

고향의 조상들에게 합동제사를 지낼 사당도 만들고

사업자금이나 생활비를 융통해주는 사금융의 역할도 했다.

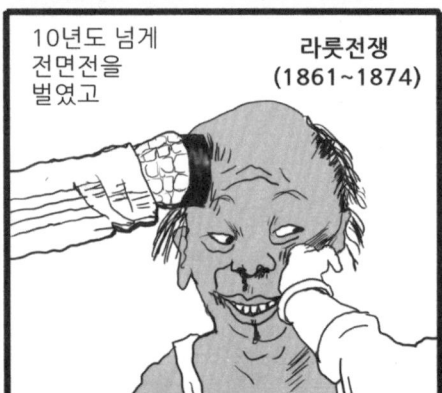
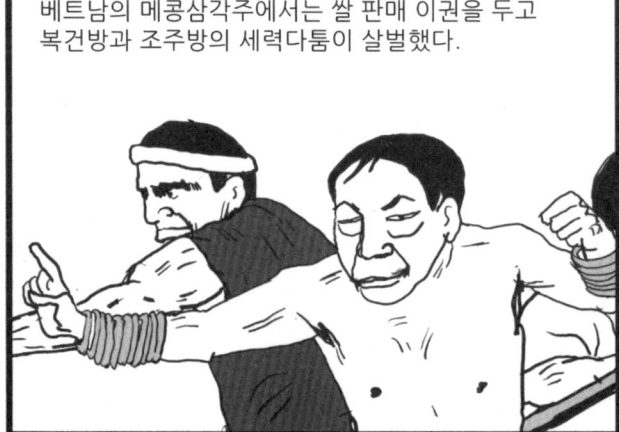

- 라룻전쟁 → 294~301쪽

— 프라나칸 ← 91~94쪽

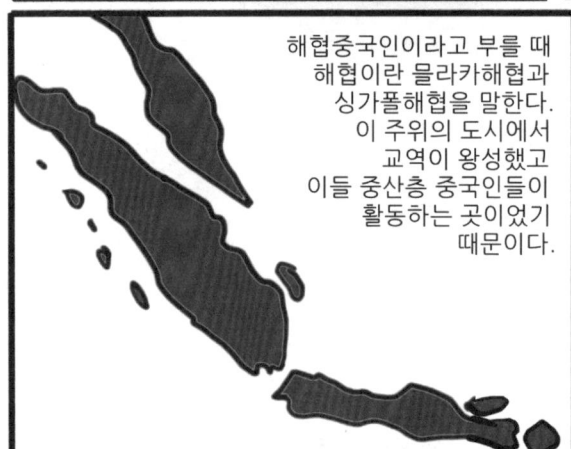

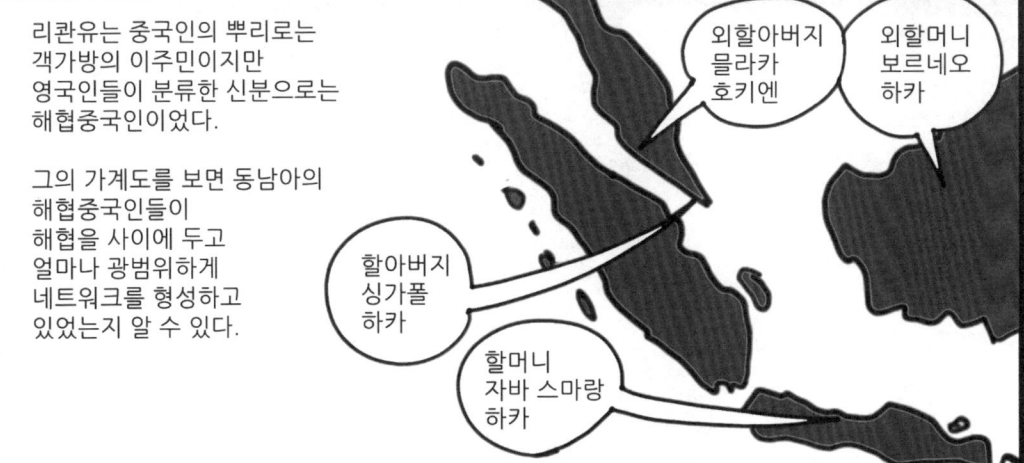

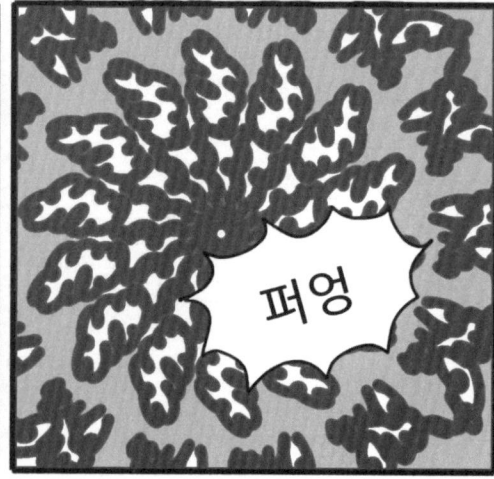

제2장 / 사람들, 동남아의 이민사 — 127

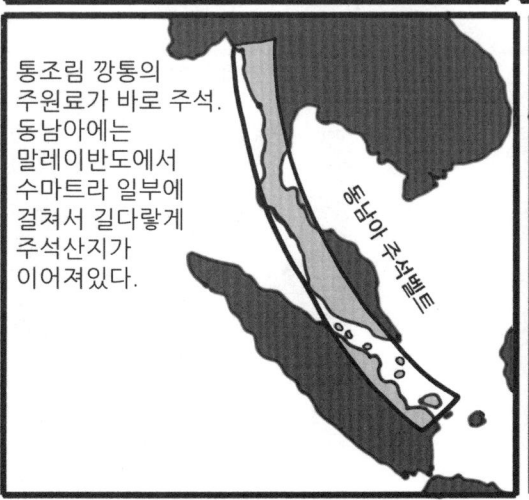

과연 영국인들은 19세기 최고의 장사꾼들이었다.
주석벨트에 해협중국인들과 이주중국인들을 끌어들여 이런 사업모델을 만들었다.

이 이중착취의 구조는 주석광산이건, 고무농장 플랜테이션이건,
항만에서 짐을 나르건, 릭쇼(인력거)를 몰건, 동남아 중국인사회
어디에나 존재했다. 먹이사슬의 말단에 위치한 신커들의
생활은 거칠고 고달팠다.
그들 대부분은 꿈에 그리던 고향으로 돌아가지 못하고
동남아에 남을 수 밖에 없었겠지.
오늘날 동남아 중국인들 대부분은 그들의 후손이다.

그래서 출신지역(방)만큼 중요한 구분이 해협중국인이냐,
이주중국인이냐의 차이였다.
그 구분에서 동남아라는 땅에서 살아가는 중국인들의
사회학과 정치학이 시작되었다.

제2장 / 사람들, 동남아의 이민사 — 129

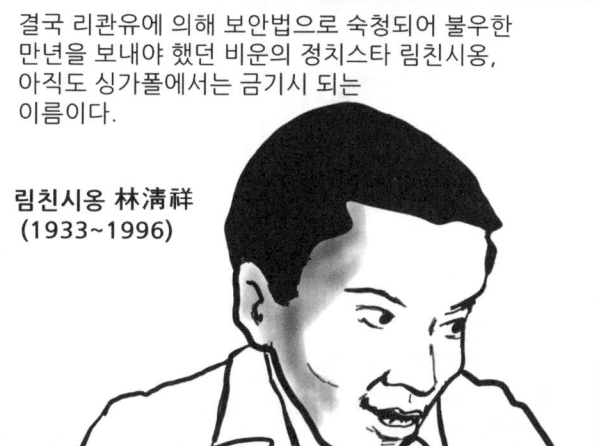

- 림친시옹 → 3권 176~186쪽

제2장 / 사람들, 동남아의 이민사 — 131

* 신커(新客) = 이주 중국인 (Immigrant Chinese)

때는 바야흐로 미국이 주도하는 냉전의 시대였고 동남아는 냉전의 최전선이었다.

게다가 동남아의 이슬람과 공산주의는 상극이었다.

우리는 동남아 화교라고 하면

수도노 살림
(림시오리옹)

이런 사람들만 떠올린다.

밥 하싼
(떼키앙셍)

부유한 사업가들.

로버트 쿽
(쿽혹니엔)

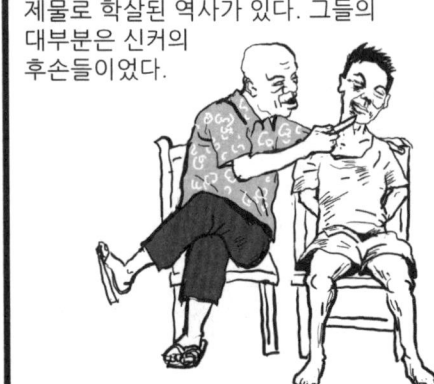

하지만 무대의 뒤에서 백만의 힘없는 '화교'들이 반공과 반중국인 운동의 제물로 학살된 역사가 있다. 그들의 대부분은 신커의 후손들이었다.

이 참혹한 이야기는 순서가 돌아올 때 이어가기로 하자.

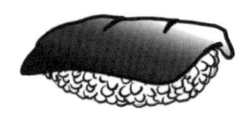

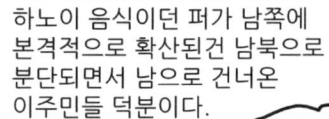

— 응웬칸 ➜ 3권 73~79쪽

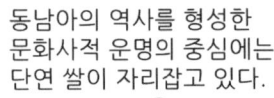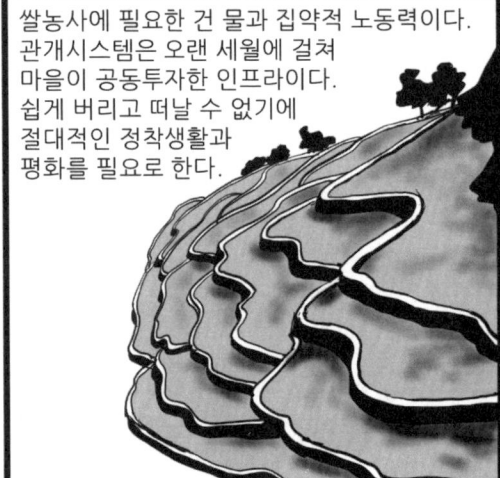

동남아의 국수 문화는 중국에서 건너온 것인데 중국 국수의 주류는 밀로 만든 국수이다.
그래서 미앤(면)이라 하면 밀가루 반죽으로 만든 국수를 뜻한다.

미앤!

밀 이외의 재료로 만든 국수는 펀(분)이라고 불렀다.
쌀국수도 펀의 일종이다.

밀에는 글루틴이란 성분이 있어 반죽하면 입자끼리 끈끈하게 달라붙는다. 긴 가닥으로 뽑기에 쉬우니 국수 재료로 안성맞춤이다.

쌀가루 반죽으로는 죽었다 깨나도 수타로 국수가닥을 뽑을 수 없지.

그래서 쌀국수는 대부분 반죽을 구멍사이로 짜내어 그 가닥을 끓는 물에 떨어뜨려서 만든다.

사출!
(extrusion)

아니면 평평하게 민 반죽을 칼로 썰어서 만드는 수밖에 없다. 이런 식으로 하면 납작하고 넓은 국수가닥이 만들어지는데 호펀(하분)이 그런 국수이다.
강줄기 모양이라 붙여진 이름이리라.

역사성이란 측면에서 동남아를 대표하는 쌀국수 요리를 꼽으라면 퍼보다는 차꿰이띠어우를 내세우고 싶다.

'꿰이띠어우'는 중국 쿨리들을 따라 동남아 전역으로 퍼져나갔다. 동남아 근대사를 관통하는 쿨리들의 애환과 삶의 투쟁이 그대로 녹아있는 음식이다.

꿰이띠어우라는 말 자체가 쌀국수라는 단어의 복건 사투리 발음인데 대표적인 조리법이 주위의 흔한 재료들을 넣어 지지고 볶는 '차꿰이띠어우'이다.

炒 粿 條
지지고 볶을 초 (차아) 쌀 과 (꿰이) 국수 조 (띠어우)

Char   Kway Teow

지지고 볶는요리라면 이 중국식 무쇠 프라이팬을 빼놓고 이야기할 수가 없다.

웍!

wok
鑊

중국인 노동자들이 팔려나간 세계 모든 곳에서 그들과 함께 했던 기름에 절어 반들반들한 웍은 이제 동남아 스트리트 푸드의 심볼이 되었다.

싱가폴의 호커센터, 페낭의 야시장, 프놈펜의 저잣거리 그 어디서나 가난한 인생들이 웍 하나에 의지하여 차꿰이띠어우를 볶아 내어온다.
그들이 웍 위로 떨어뜨린 짭짤한 땀방울은 이 근대사적 음식에 더해진 소박한 덤이다.

치칫~

태평양전쟁이 일어나기 전 1940년 경, 태국의 독재자 피분.

쌀 소비를 줄일 방법을 찾아야겠어.

쌀밥보다 훨씬 맛있는 쌀국수 요리를 개발하라!

차꿰이띠어우를 살짝 변형한 요리였지만 사뭇 국수주의적 이름을 붙였다.

지지고 볶는걸 태국어로 하면?

Pad

우리는 무슨 민족이지?

Thai

그냥 차꿰이띠어우와는 달라. 태국식 민주주의, 아니 태국식 볶음 쌀국수 '팟타이'이다!

동남아의 국수 가운데 쌀국수가 아닌걸 찾기가 오히려 힘들다. 잘 알려진 음식 중에선 인도네시아의 미고렝 정도이다.

미(mie 혹은 mee)는 미앤이 변형된 말이다. 미앤이 밀로 만든 국수라는건 이미 이야기 했다.

麵

고렝은 볶는다는 뜻. 그래서 인도네시아 볶음밥은 나시고렝이다.

그런데 팟타이보다 더 유명해진 태국 음식이 있지?

똠얌꿍

똠얌은 여러가지를 섞어서 끓인 국물이란 뜻이다. 즉 태국식 짬뽕국물인데, 레몬그라스, 라임 이파리, 액젓 등등 다양한 재료들이 들어간다.

대파처럼 생겼지만 레몬향기가 나는 식물 레몬그라스

꿍은 새우. 새우를 넣은 똠얌이 똠얌꿍이다. 당연히 똠얌꿍 아닌 다른 똠얌 요리가 얼마든지 있다.

똠얌쁠라

똠얌가이

적어도 팟타이보다는 똠얌꿍 쪽이 훨씬 더 태국 고유의 음식에 가깝다.

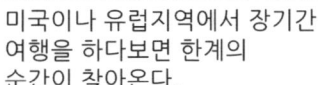

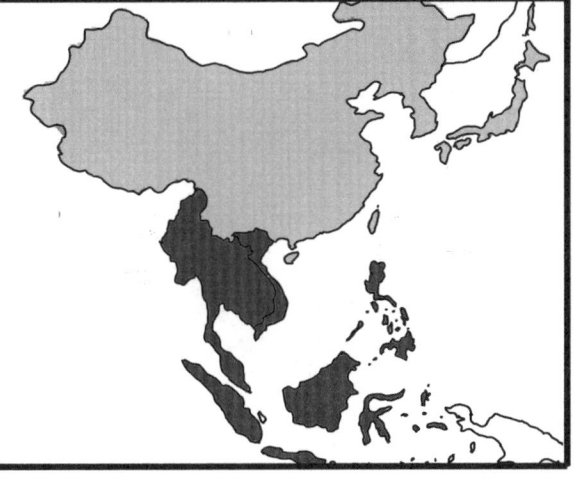

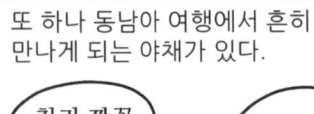

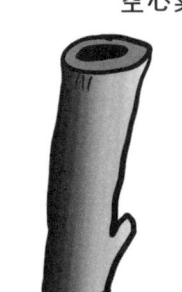

동남아 요리에 자주 등장하는 초이섬(菜心)은 얼갈이 배추와 비슷하게 생겨 우리 교포들이 김치 재료로 사용하기도 하는 야채이다.

동남아 하면 뭐니뭐니 해도 역시 열대과일의 천국이지. 호텔 식당에서 뭔지도 모르고 먹었던 그 과일들을 이제는 제대로 알고 먹어보자.

이젠 한국에서도 흔해진 바나나, 파인애플, 망고는 그냥 넘어가고,

우윳빛 과육에 검은 씨가 촘촘히 박힌 이런 과일을 본 적이 있을 것이다.

껍질 모양이 용의 비늘을 닮았대서 드래곤 프루트(dragon fruit)라고 부르는데 선인장의 일종으로서 중미가 원산지이다.

생김새가 특이한 과일 또 하나. 이런 수염 달린 과일을 봤다면 바로 람부탄이다.

껍질을 벗기면 이런 알맹이가 나오는데

크기만 다를 뿐, 속살은 우리나라 중국식당에서 가끔 디저트로 나오는 리찌와 비슷하게 생겼다.

양귀비가 그렇게 좋아했다던, 그래서 미용에 좋다는 속설이 있는 그 리찌 말이다.

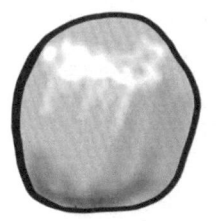  

이들과 비슷한 속살의 과일이 롱안이다. 롱안은 용안(龍眼), 즉 용의 눈인데 투명한 과육에 검은 씨가 비치는 것이 용의 눈처럼 보인대서 붙여진 이름이다.

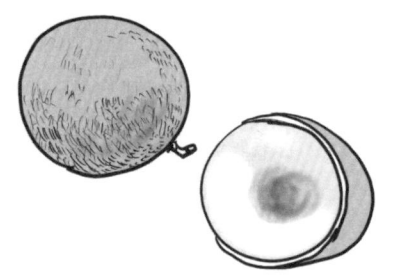

이 사람들이 자꾸만 용을 본 것처럼 이야기 하네. 중국 문화의 영향이리라.

람부탄, 리찌, 롱안은 같은 과에 속하는 사촌이다. 다만 크기가 다를 뿐. 람부탄은 테니스 공 정도, 리찌와 롱안은 탁구공 정도 크기다. 리찌라고 내오는 디저트가 사실은 롱안인 경우도 흔하다.

동남아시아의 열대과일에 왕과 여왕이 있다. 먼저 과일의 여왕.

누가 싱싱한 망고스틴을 영국까지 가져오면 상금을 내리리라.

빅토리아여왕이 이랬대서 Queen of fruits라는 별명이 붙은 망고스틴. 빅토리아여왕 당시에는 동남아에서 영국까지 오는데 몇달이 걸렸으니까.

물론 이런 속설의 90%는 재미는 있지만 믿을건 못 된다.

과일의 여왕이 있으면 과일의 왕도 있겠지. King of fruits의 영예는 바로 바로...

두둥~

제2장 / 사람들, 동남아의 이민사 — 147

눈치챘대로 바로바로 듀리안이다.

동남아에선 이런 팻말을 흔히 만난다.

듀리안의 악취는 세계적으로 악명이 높거든.

시궁창? 거름? 썩은 양파?

고약한 냄새의 별미 음식은 세계 곳곳에 있다. 하지만 금메달은 단연 듀리안 차지이다.

삭힌 홍어

하드코어 곰팡이 치즈

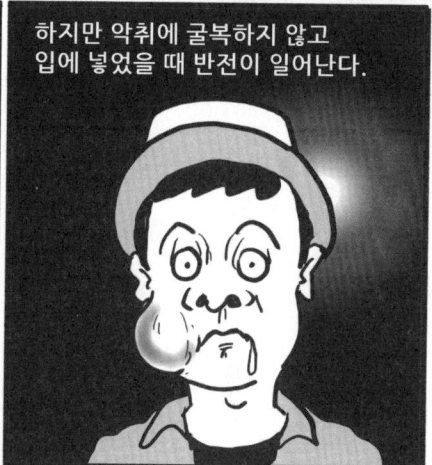

하지만 악취에 굴복하지 않고 입에 넣었을 때 반전이 일어난다.

다윈의 라이벌이었던 왈라스는 동남아의 동식물 연구로 유명한데

Alfred Wallace
(1823~1913)

그가 주장했던 왈라스 라인, 이 선을 기준으로 동남아의 동식물 분포는 완전히 달라진다. 발리와 롬복은 지척이지만

발리는 동남아 대륙, 롬복은 오스트레일리아 대륙과 식생을 공유한다.

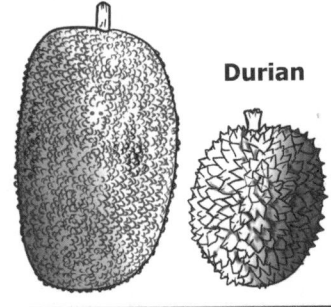

동남아의 상징처럼 떠오르는 코코넛나무,

그 코코넛의 전파경로는 오스트로네시아인들의 태평양, 인도양 바닷길의 이주경로와 거의 일치한다.

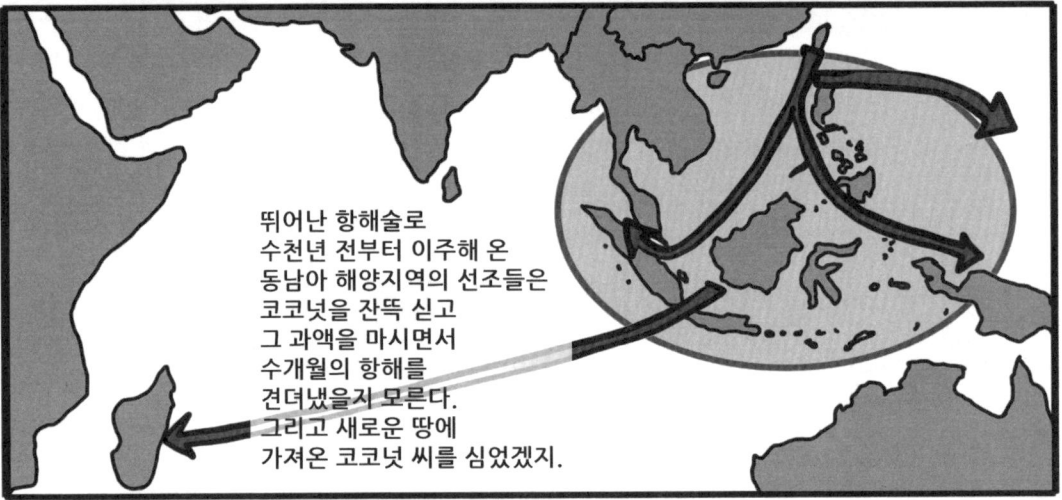

뛰어난 항해술로 수천년 전부터 이주해 온 동남아 해양지역의 선조들은 코코넛을 잔뜩 싣고 그 과액을 마시면서 수개월의 항해를 견뎌냈을지 모른다. 그리고 새로운 땅에 가져온 코코넛 씨를 심었겠지.

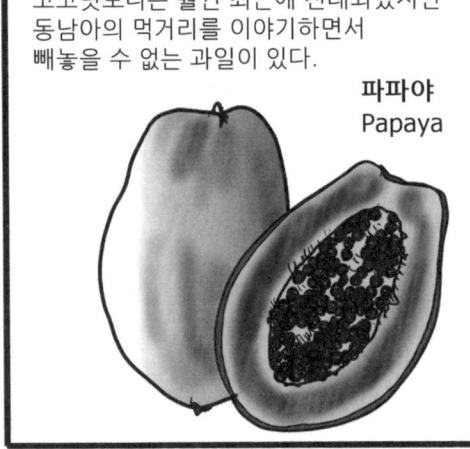

코코넛보다는 훨씬 최근에 전래되었지만 동남아의 먹거리를 이야기하면서 빼놓을 수 없는 과일이 있다.

파파야
Papaya

중미가 원산지인 이 과일은 16세기에 필리핀과 아메리카대륙을 오가던 갈레온 무역선을 타고 마닐라로 들어와 동남아 전체로 퍼졌다.

- 말레이인의 동아프리카 항해 ← 32쪽
- 갈레온 무역 → 2권 27~28쪽

제2장 / 사람들, 동남아의 이민사 — 151

그런데 태국에서도 이산(Isan)주만은 라오스식 땀막훙을 즐긴다.

이산주 ; 태국 동북부의 코랏고원 일대에 위치한 주.

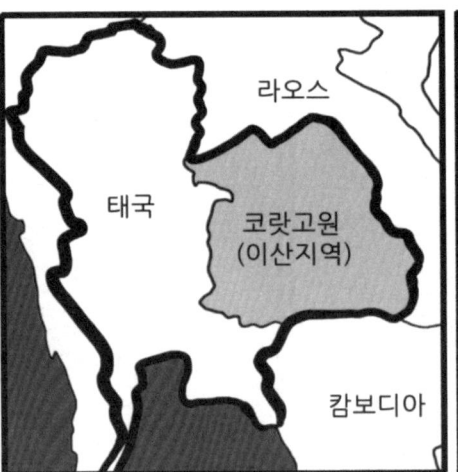

라오스처럼 땀막훙과 함께 찰밥을 먹는 것도 이산주의 특징이다. 이산주의 사투리도 태국어보다 라오스어에 더 가깝다고 했지?

왜 그럴까? 파파야를 요리한 땀막훙, 솜땀에는 라오스의 슬픈 역사가 있다.

내가 뭘 어쨌다고...

약소국 라오스의 국민영웅 아누웡의 반란과

시암의 무자비한 진압과 라오스 백성의 강제이주의 역사 때문인데...이 이야기는 차례가 올 때까지 미루어둔다.

절구를 쓰는 대표적인 요리로 인도네시아 자바가 원조인 기본 양념 삼발(Sambal)이 있다. 코벡이라는 전통 돌절구에 매운 고추를 주재료로 새우가루 같은 조미료와 양념을 섞어 으깨어서 만든다.

동남아에서 국수 종류가 아니라면 쌀밥은 원래 손으로 먹어야 제맛인데

삼발 소스는 없던 입맛도 번쩍 돌아오게 하는 마력이 있다.

— 아누웡 , 이산주(코랏고원) ➔ 2권 170~171쪽

어린 시절 여름철이 되면 빙수장사가 얼음가는 기계를
리어카에 싣고 돌아다녔다. 얼음을 수북이 갈아
그 위로 알록달록한 색소를 끼얹은 빙수에
아이들은 쉽게 유혹 당했다.

사시사철 뜨거운 여름의 동남아에서 얼음 디저트를
빼놓으면 섭섭하다.

말레이시아의 아이스 까짱, Ice Kacang
이렇게 쓰면 동남아적이지 않다.
Ais Kacang으로 써야 한다.

연두색 쌀가루 젤리와 팥을 넣은
인도네시아의 첸돌(Cendol)

선데이(Sundae) 같은 아이스크림에
열대과일을 푸짐하게 얹은 필리핀의 명물
할로할로(Halohalo).

특히 마닐라의 비지니스 중심지 마카티의
페닌슐라호텔에서 팔던 할로할로가 유명했다.
뜨거운 오후, 에어콘 위로 고풍스러운
씰링팬이 돌아가는 라운지에서 떠먹는
할로할로의 맛!
지금도 그 메뉴가 있는지 모르겠다.

제3장

위대한 제국들

이 거대한 건물 앙코르와트는
사원이다.
힌두교 사원으로 지어졌다.
앙코르와트를 이해하려면
힌두교를 알아야 한다.

이왕 이야기가 나온 김에
동남아 문화의
상당부분을 차지하는
힌두교에 대해서
잠깐 알아보고 넘어가자.

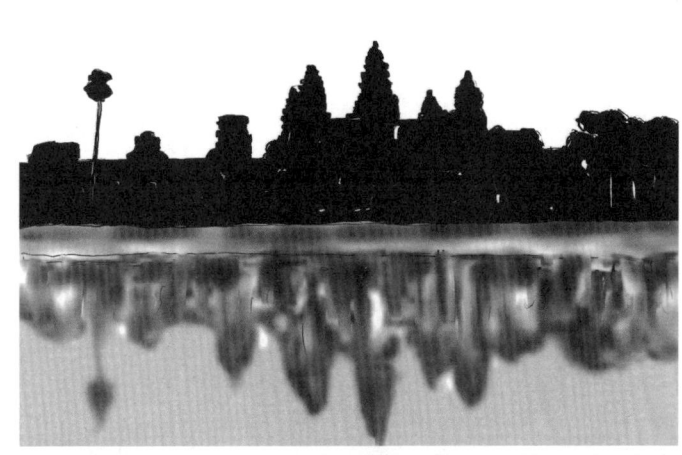

힌두교에는 수많은 신들이 등장한다.

팔도 많이 달렸지.

그리스 로마신화의 신들보다도 많은 것 같다.

그런데 그리스 로마와 달리 단순한 다신교가 아니란다.

??

이 모든 신들이 근본적으로 하나의 신으로 귀결되는걸세.

반대로 하나의 신이 여러 모습의 아바타로 나타나기도 하지.

아바타라는 단어가 힌두교에서 나온건 알고 있었나?

수많은 힌두의 신들 가운데 가장 중요한 세 사람(?)의 신은 알아둘 필요가 있다.

먼저 창조의 신, 브라마(Brhama).

그는 스스로 태어났다. 알에서 깨어났다고도 하고

아프락사스? 박혁거세?

연꽃에서 솟아났다고도 한다.

어쨌든 스스로 태어났고 세상을 창조했으니 신들 가운데서도 가장 연장자이겠지. 그래서 대개 백발의 노련한 얼굴로 묘사된다.

그것도 하나가 아니다. 힌두교의 경전 베다(Veda)는 네가지인데 그걸 한 입으로 하나씩 만드느라 얼굴이 네개가 필요했다.

야주르베다

사마베다

리그베다

아타르바베다

먼저 태어나 천지를 창조했으니 제일 대접을 받아야 할 것 같은데...

그렇지 않다. 초기 베다시대에만 반짝했고 그 이후로는 이제부터 소개할 두 신에 밀려났다.

현대 힌두교에서는 브라마를 주신으로 모시는 종파가 거의 남아있지 않아 노인정 신세다.

나도 붙여주게.

쯧 묵

세상을 창조한 신을 뒷방으로 몰아내고 등장한 나머지 두 신은 누구인가? 그들은 힌두교의 양대산맥이 되는 라이벌인데

하나는 브라마가 창조한 세상을 보존하는 역할을 맡았고,

또 하나는 그걸 파괴하는 역할을 맡았다.

비시누(Vishinu)는 세상을 보존하는 신이다. 세상이 악과 파괴와 혼돈으로 덮일 때 비시누는 자신의 수많은 아바타 가운데 하나의 모습을 띠고 세상에 내려온단다.

한편 시바(Shiva)는 파괴와 암흑의 신이다. 그래서인지 뱀을 목에 감고 호랑이나 표범가죽을 입은 모습으로 자주 묘사된다.

그런데 힌두교는 우리가 생각하는 선과 악으로 딱 구분되지 않는다. 파괴의 신 시바도 많은 신화에서 인간을 구해주는 역할을 한다.

그러면 앙코르와트는 시바와 비시누 가운데 어느 신에게 바쳐진 힌두사원일까?

앙코르와트는 크메르제국의 전성기이던 수야바르만 2세 때 지어졌다. 그의 즉위 이전까지 크메르제국의 힌두교는 시바신이 대세였다.

수리야바르만 2세 재위기간 1113~1150

비시누신에게 바치는 가장 위대한 사원을 건설하겠노라.

왜 그는 전통적인 시바신이 아닌 비시누신에게 이 거대한 사원을 봉헌했을까?

나라 전체의 기본틀을 바꾸어야만 할 사정이 있지 않았을까? 정통성 콤플렉스 같은... 자신의 삼촌을 죽이고 왕위에 올랐다고 하니까.

서전트점프 3미터를 뛰어 코끼리에 타고 있던 삼촌을 베었다는 와이어액션 전설이 전해진다.

하지만 그저 추측일 뿐이다. 앙코르와트에는 숱한 미스테리가 있지만 대부분의 설명은 추측에 불과하다.

열대지방의 집은 온대처럼 향이 중요하진 않지만 서향만은 피해야 한다. 이브닝 썬(evening sun)이면 오후 내내 덥죠.

그런데 왜 앙코르와트만 서향으로 설계하였을까?

수야바르만 2세가 자신의 무덤으로 쓰려고 했던게 아닐까? 이것도 추측이다. 하지만 비시누신을 모셨다는건 팩트이다.

앙코르와트의 벽면에는 수많은 부조가 조각되어 있는데 그 중에서 가장 중요한 작품이 본건물의 동쪽 회랑의 벽에 새겨져 있다.

→ 동쪽 회랑
서향 ↘

이 80미터 정도에 이르는 부조의 주인공이 바로 비시누신이다.

이 부조에 새겨진 신화는 이렇게 시작한다. 인간세계에 어떤 도사가 있었는데

이 꽃다발을 인드라신에게 드려야겠군.

존경의 뜻으로 드리는거니 받아주세요.

인드라는 꽃다발이 별로였나보다. 기르던 코끼리에게 줘버렸다.

잘못 그린거 아님. 신들은 필요에 따라 팔의 개수가 늘었다 줄었다 함.

코끼리 아이르바타, 꽃다발을 밟아 뭉개버렸다.

이걸 알게된 도사...

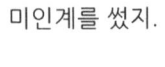

다음 이야기야 뻔하지 뭐.
비시누가 암리타를 뺏아와서
신들이 그걸 마시고
다시 불멸의 생명을 얻어
세상이 평안해졌다는 얘기.

앙코르와트 동쪽 회랑 전체를
차지하고 있는 부조는
이 힌두교 신화를 새겨놓은 것이다.
부조의 가운데 부분에서
이 모든걸 지휘하고 있는 이가
비시누이며
앙코르와트는 비시누를 주신으로
하고 있음을 명확히 하고 있다.

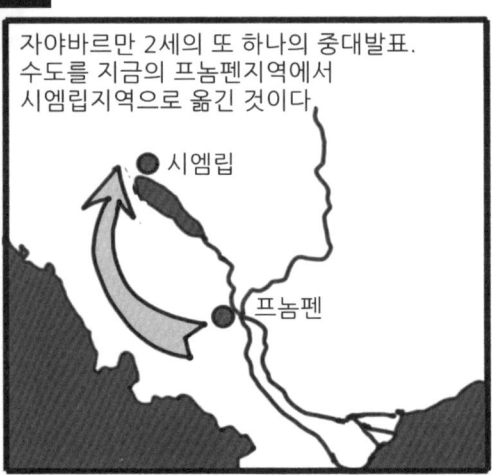

제3장 / 위대한 제국들 — 171

크메르제국은 개국초기부터 이상하리만큼 대형건축물에 집착했다.
수야바르만 2세의 앙코르와트에서 절정을 이루었는데 마지막 불꽃은 잠시 더 이어졌다. 13세기초 자야바르만 7세가 크메르제국의 마지막 영광의 건물들을 지었다.

그가 지은 바이욘사원의 거대한 얼굴석상은 자야바르만 7세 자신의 얼굴이라는 설이 유력하다.

부모를 위하여 건설한 타프롬사원의 스펑나무 줄기에 먹힌 이 건물은 안젤리나 졸리의 툼레이더에 등장하여 더 유명해졌다.

시엠립에는 우리가 방문해서 유명해진 술집도 많아요.

앙코르와트를 배경으로 한 아시아 영화도 있다. 화양연화의 마지막 장면에서 양조위가 앙코르와트에 장만옥과의 사랑의 비밀을 묻는 장면을 빼먹으면 섭섭하리라.

크메르제국은 자야바르만 7세 이후 급격히 쇠퇴하다가 1431년 타이족의 아유타야왕국에게 앙코르지역을 점령당하고 만다. (이후에 시엠립은 태국과 캄보디아 사이를 여러번 오갔다.)

다시 프놈펜지역으로 쫓겨온 크메르제국은 옛 영광을 영영 회복하지 못하고 이후 수백년 시암(태국)과 남비엣(베트남)의 사이에 끼여 고단한 약소국의 역사를 이어가게 된다.

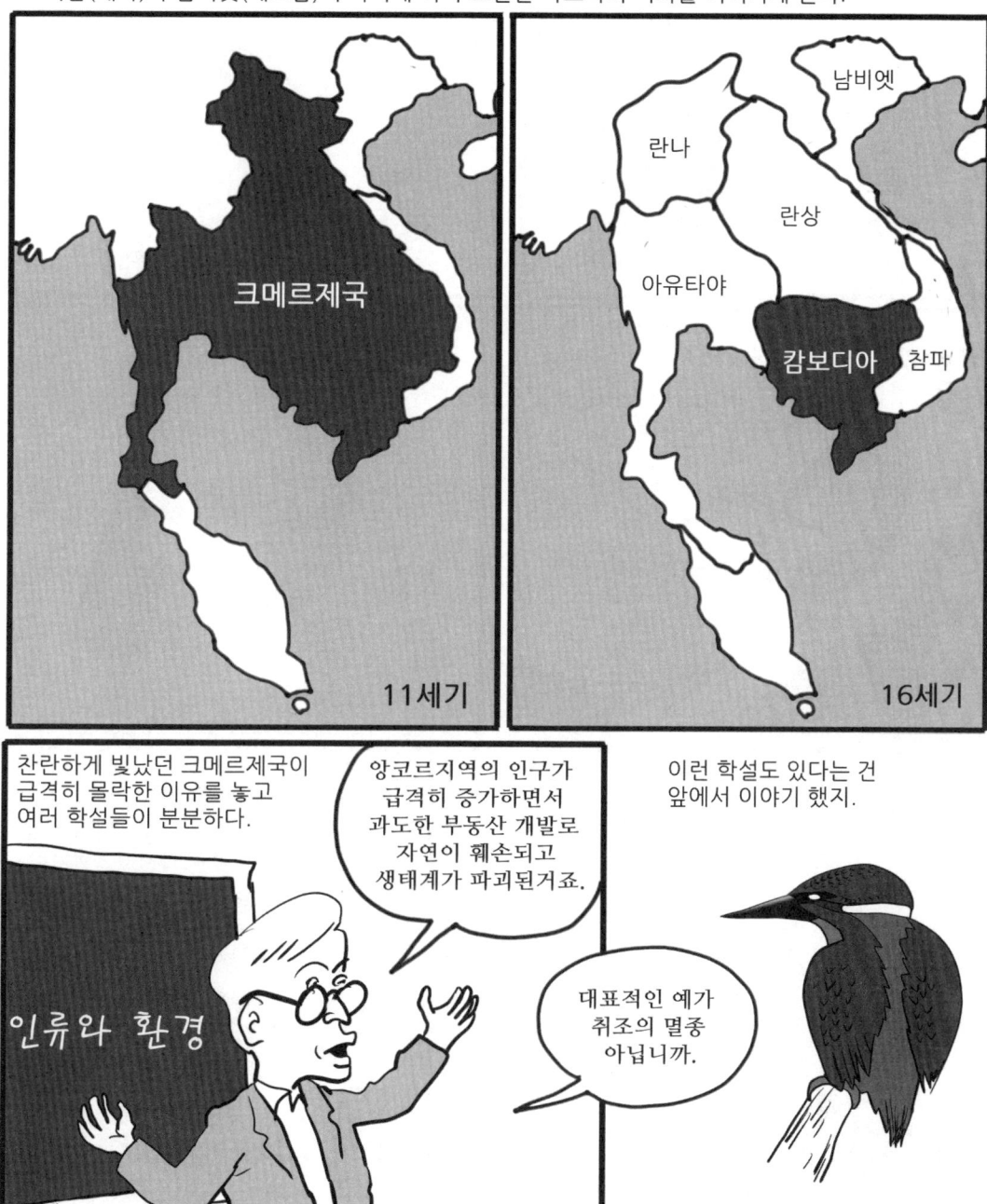

- 취조 ← 83쪽

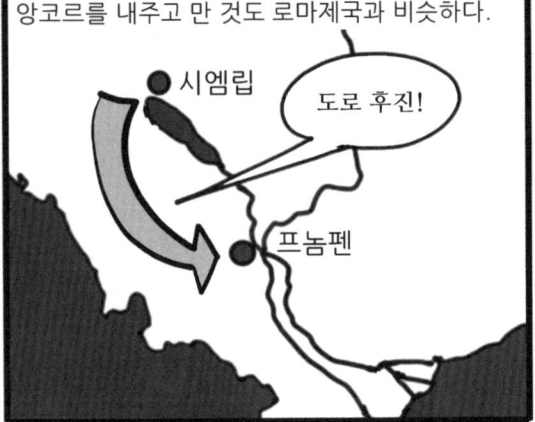

주목할 것은 동남아 대륙지역에서 힌두교가 불교로 대체되었다는 것인데 이와 달리 도서 지역에서는 힌두교가 불교가 아닌 이슬람교로 대체된다.

왜 그렇게 되었을까?
대륙지역에서 크메르제국이 발전하고 있던 시기에 도서지역에서는 어떤 제국들이 생기고 사라졌을까?
또 그들은 오늘날의 동남아에 어떤 발자취를 남겼을까?
크메르제국의 창건자 자야바르만 2세가 스리위자야의 지배에서 독립하겠다고 선포했는데 그 스리위자야는 어떤 제국일까?

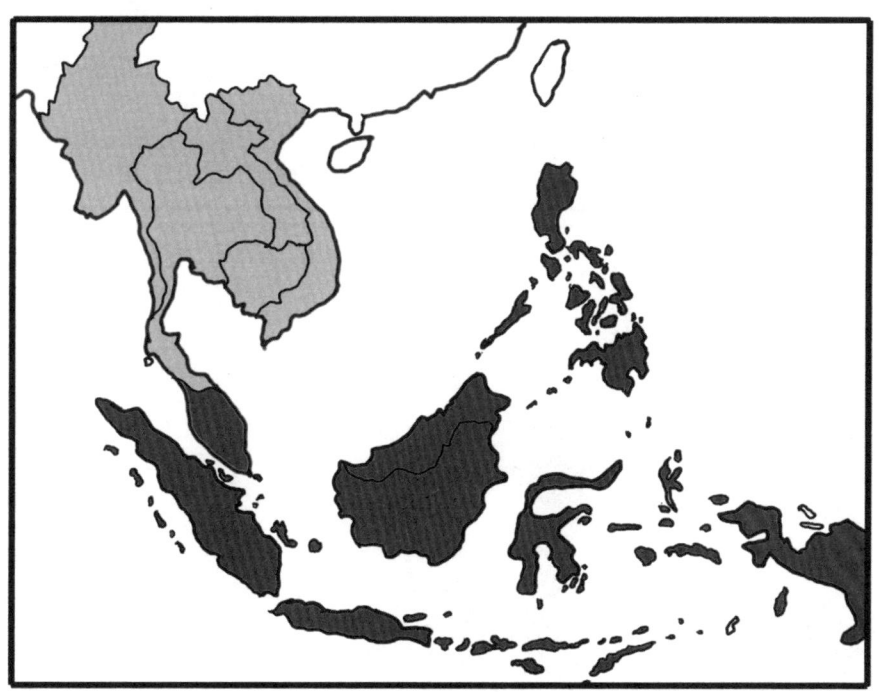

스리위자야제국

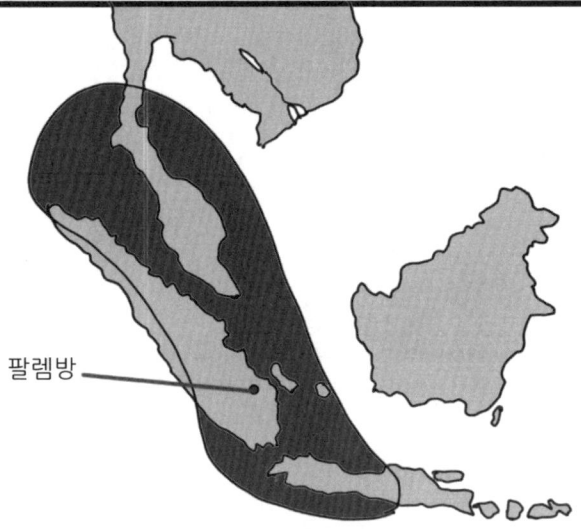

스리위자야는 7세기경 수마트라섬의 팔렘방 지역에서 태어난 왕국이다. 8세기에 이르러 말레이반도, 수마트라, 자바의 대부분을 지배했다.

팔렘방

같은 시대에 자바섬에는 '사일렌드라'라는 왕국이 있었다. 불교사원으로는 세계최대의 규모로 지어졌다는 보로부두르를 남긴 왕국이다.

하지만 사일렌드라는 건너뛴다.

왜??

오늘날의 동남아에 미친 직접적인 영향이 미미하기 때문이다.

그렇다면 스리위자야는 도대체 어떤 영향을 미쳤길래?

첫째는 언어를 남겼다.

lingua

제3장 / 위대한 제국들 — 177

— 수카르노와 하타 ➡ 3권 219~223쪽

술탄이란 이슬람국가에서 왕(King)에 해당하는 타이틀이다.

술탄=정치권력 + 종교적 권위

왕=정치권력

술탄제도는 대부분 사라졌지만 아직 남아있는 나라가 있다.
그 중의 하나가 말레이시아다.

말레이시아에는 13개의 주가 있는데 다음 9개주에 세습으로 이어지는 군주, 즉 술탄이 존재한다.

페를리스 Perlis
클란탄 Kelantan
끄다 Kedah
트렝가누 Terengganu
페락 Perak
파항 Pahang
셀랑고르 Selangor
느그리 셈빌란 Negeri Sembilan
조호르 Johor

동말레이시아의 사바주, 사라와크주와 서말레이시아(말레이반도)의 믈라카주, 페낭주의 4개주에는 세습제 술탄이 없다.

말레이시아는 영국과 같은 입헌군주국이다. 실질적 정치권력은 선거에 의한 총리가 행사하고 있지만 형식적 국가수반의 역할은 국왕이 하는데,

말레이시아에서 국왕이 될 자격은 세습제 술탄에게만 주어진다.

아공(Agong)

말레이시아 국왕을 '아공'이라고 부른다.

말레이시아의 술탄 제도, 이게 바로 스리위자야가 오늘날의 동남아에 남긴 두번째 뚜렷한 발자취다.

어떤 사연인지 시간을 돌려 13세기말로 돌아가보자.

이즈음에 스리위자야는 전성기의 영광을 잃고 자바를 기반으로 하는 세력인 마자파히트제국에 해상 지배력을 빼앗기고 있었다.

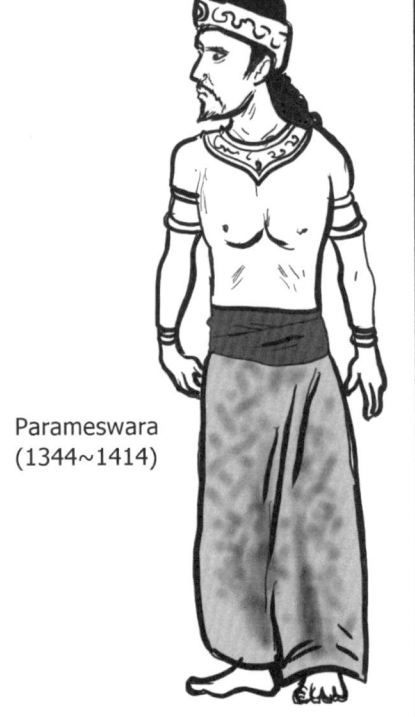

제3장 / 위대한 제국들 — 183

제3장 / 위대한 제국들 — 185

- 쩡허의 대항해 ← 85~93쪽

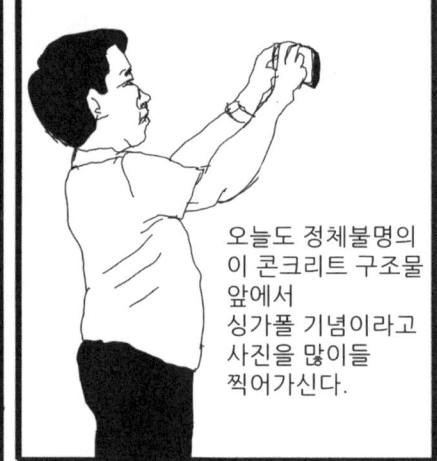

상 닐라 우타마 왕자 이야기는 조미료가 너무 들어가서 역사적 사실로 보기는 어렵다. 믈라카 왕국을 세운 파라메스와르의 야사 버젼이 아닌가 하는 설이 지배적이다. 즉, 파라메스와르와 우타마를 동일인물이라고 보는 것이다.

둘 다 스리위자야의 왕족으로서 말레이반도로 건너가 정착을 했고 같은 주장을 했거든.

나는 아득히 거슬러 올라가면 알렉산더 대왕의 후손이다.

두 이야기 모두 과대포장 벗겨내고 보면 결국 스리위자야의 엘리트들이 수마트라에서 쫓겨나서 말레이반도에서 새로운 근거지를 개척했다는 이야기다.

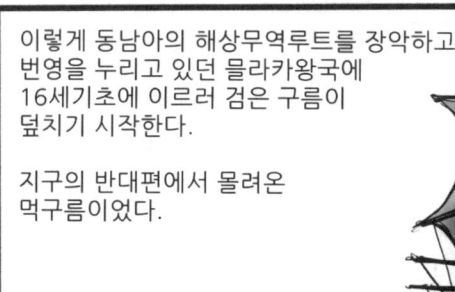

이렇게 동남아의 해상무역루트를 장악하고 번영을 누리고 있던 믈라카왕국에 16세기초에 이르러 검은 구름이 덮치기 시작한다.

지구의 반대편에서 몰려온 먹구름이었다.

동남아에는 이미 여러 차례 외래세력이 찾아왔었다. 인도로부터 힌두교의 세례를 받았고

중국에서 쩡허의 함대가 찾아왔고

아랍으로부터 이슬람이 전파되었다.

그러나 유럽인들은 이렇게 평화롭게 오지 않았다.

그들은 약탈을 위하여 왔다.

1511년 알부퀘르크의 포르투갈 군대에 의하여 믈라카가 함락되고 말았다.

Alfonso de Albuquerque (1453~1515)

포르투갈의 믈라카 점령은 동남아 역사에 커다란 변곡점을 이룬 사건으로 간단히 넘어갈 일이 아니지만 하던 이야기를 이어가기 위해 잠시 다음 장으로 미루어 둔다.

— 알부퀘르크의 믈라카 점령 ➔ 235~237쪽

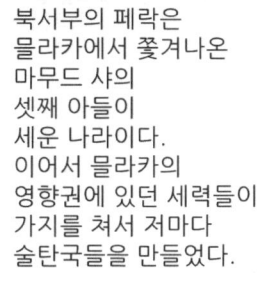

- 마하티르의 술탄 권력 축소 ➡ 3권 199~200쪽

제3장 / 위대한 제국들 — 193

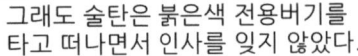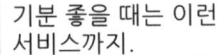

제3장 / 위대한 제국들 — 195

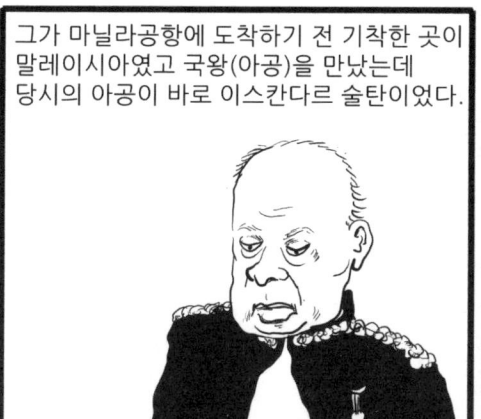

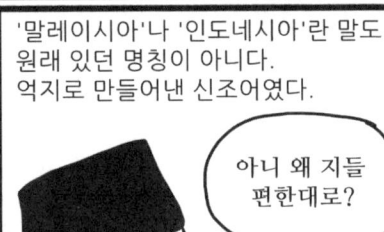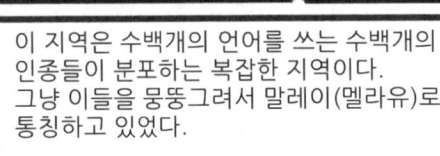

그러면서 수카르노는 이런 얘기를 했다.

이 모두가 우리의 '누산타라'(**Nusantara**)이기 때문이다!!

누산타라는 또 뭐지?

누산타라를 알려면 마자파히트라는 제국을 알아야 한다.

스리위자야를 쫓아냈고 믈라카와 해상무역의 패권을 다퉜던 그 마자파히트 말이다.

1350년에 하얌 우룩이 왕위에 오르면서 마자파히트 최고의 전성기를 맞이한다.

마자파히트 4대왕
Hayam Wuruk
(1334~1389)

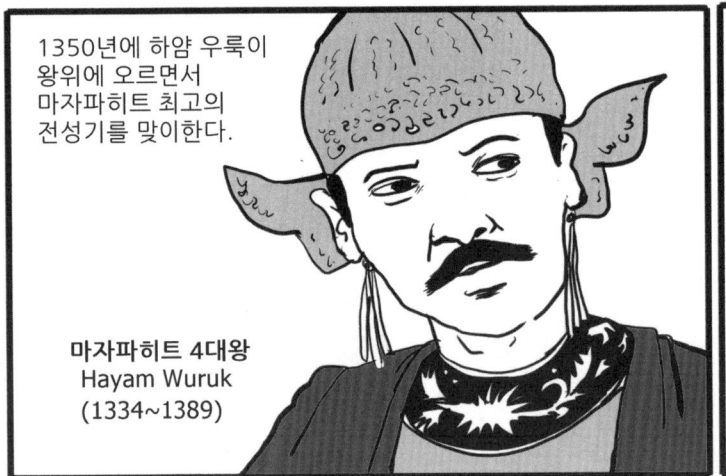

그에게는 위대한 파트너가 있었는데

국무총리, 국방장관, 참모총장, 이 모든 역할을 해낸 '가자 마다'이다.

Gajah Mada
(1290?~1364?)

이 둘은 인도네시아 역사의 최전성기를 상징하는 콤비이다. 지금도 도로명이나 건물 이름에 단골로 쓰이고 있다.

하얌 우룩과 가자 마다는 동남아 도서지역을 통일하기 위한 정복전쟁에 나섰다.

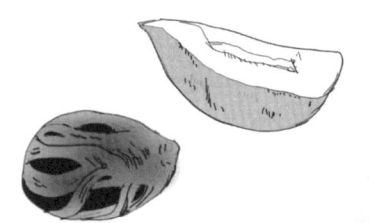

이래서 가자 마다의 '숨파 팔라파'는 인도네시아 애국심의 상징이 되었고 여기에 등장하는 '누산타라'는 자바인들으로 하여금 자신들이 동남아 해양제국의 중심이라는 자부심의 근거가 되었다.

말레이반도를 떼어가더니 칼리만탄까지! 우리의 누산타라를 영국놈들 마음대로 찢어발겨?

전쟁이다!

보르네오섬의 북부까지 말레이시아에 넘겨줘야 했을 때 인도네시아가 보인 극단적인 반응도 마자파히트의 역사를 알고나면 전혀 이해 못할 바도 아니다.

마자파히트의 누산타라 영역이 이랬었다는게 인도네시아의 주장이거든.

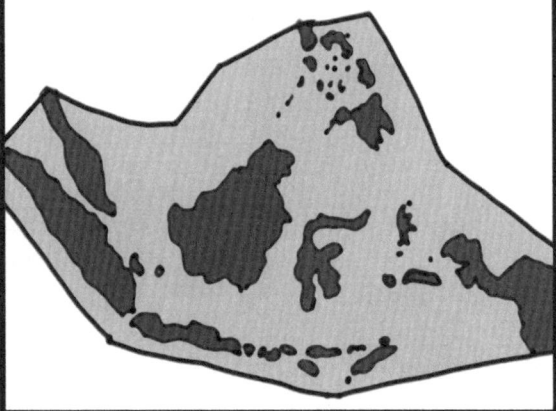

인도네시아가 마자파히트로부터 계승했다고 주장하는 것은 누산타라나 국기뿐만이 아니다. 인도네시아 하면 떠오르는 그림자 인형극, 와양 쿨릿(Wayang Kulit)

와양은 그림자, 쿨릿은 가죽이란 뜻인데 그림자 인형을 가죽으로 만들기 때문이다.

와양 쿨릿에서 와양이란 말이 차차 극장이나 공연 자체를 뜻하는 말로 확장되어 인도네시아 전통 탈춤 공연을 와양 토펭이라고 한다.
(Wayang Topeng)

topeng=mask

와양 쿨릿이나 와양 토펭이나 주로 타악기로 이루어진 인도네시아 전통 음악인 가믈란(Gamelan)과 함께 공연되는 종합예술이다.

보낭

켄당

감방

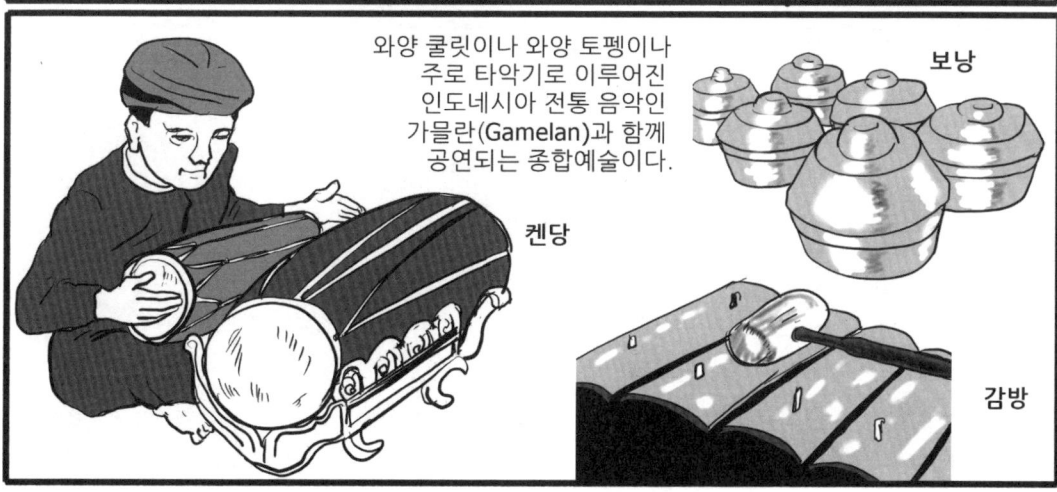

하얌 우룩은 왕자 시절부터 공부면 공부,

무술이면 무술

춤이면 춤.
팔방미인의 재능을 가지고 있었다지.

예술을 사랑하고 풍류가 있었던지 외국 사신들을 소집해서는 거창하게 가면극 공연을 열고 분위기가 좋으면 무대에 올라 본인이 직접 춤을 추곤 했단다.

하얌 우룩의 시대에 크게 발전하고 누산타라 전체에 퍼져나간 자바의 예술들이 오늘날까지 이어져 내려와 자바인들의 자부심이 되고 있다.

자바가 누산타라의 중심이야!

인도네시아가 독립할 때 지도층의 고민에 대해서 이야기한 바 있다.

수백개의 인종과 수백개의 언어를

어떻게 한 국가로 묶을 수 있을까?

마자파히트 시대에 하얌 우룩도 비슷한 고민을 했었나보다. 마자파히트는 힌두교 국가였는데

누산타라 안에서 사는 백성이라면 불교 신자들도 포용해야 하지 않겠는가.

그래서 이 시의 문구는 이런 맥락이었다. 부처의 가르침과 시바의 가르침은 같은 것이다. 다르게 보이지만 모든 진리는 결국 하나이니라.

누산타라의 영역 안에 존재하는 모든 이문화를 포용하려는 노력, 인도네시아가 마자파히트로부터 계승한 또 하나의 유산이다.

Bhinneka Tunggal Ika

하지만 오늘날 인도네시아의 일부 이슬람 원리주의자들은 이 문화유산들을 배척하기도 한다.

와양 쿨릿이나 와양 토펭이나 모두 힌두교 설화에서 나온 이야기들 아닌가?

일신교의 포용성이 다신교에 미칠 수 없어서 그런 것일까?

너무 그러지 마쇼.

15세기에 절정을 이룬 동남아 도서지역의 맹렬한 이슬람화가 마자파히트의 몰락을 불러왔다고 볼 수 있다

이 시기에 같은 무슬림인 쩡허 함대의 지원을 등에 업은 믈라카에 의해 마자파히트가 동남아 해상무역로의 지배력을 잃게된 사건은 이미 이야기 했고

15세기말에 이르러 마자파히트의 아성이던 자바섬에도 데막이라는 이슬람 술탄국이 세워졌는데 마자파히트는 이 신생국 데막에 의해 최후를 맞는다.

패망한 마자파히트의 힌두 잔존세력들이 도주하여 이주한 곳이 어딘가 하면...

자바에서 바다 건너 첫번째 섬 발리였다. 자바에서 발리 사이의 바다는 가장 좁은 곳은 3km 남짓 밖에 안되거든.

이것이 오늘날까지 인도네시아에서 발리섬만이 힌두교의 섬으로 남아있게 된 연유이다.

그 다음부터 광란의 집단 자살이 이어졌다.

스스로를 찌르거나 서로를 찔러줬다.

삽시간에 200여명이 남김없이 시체로 변했다. 이들은 왕족과 그들을 수발하던 측근들이었다.

이 사건을 푸푸탄(Puputan)이라고 부른다. 원래 종말이라는 뜻이지만 명예를 위한 집단 자살의식 정도를 의미한다.

자포자기에 의한 광란이었을 수도 있고 자신의 목숨을 제물로 침략자를 저주하려는 흑마술 의식이었을 수도 있다.

푸푸탄과 관련하여 동남아에 보편적인 '아목'이라는 현상을 함께 이해할 필요가 있을 것 같다.

Amok

일본어에서 스시,

Sushi

한국어에서 김치가 영어사전에 올라가 있다면,

Kimchi

계속 건드리고 자존심을 밟다간 어느 순간 갑자기 이런 일이 벌어진다.
광기에 가까운 분노의 예고없는 폭발, 이런 걸 아목(amok)이라고 부른다.
요즘도 신문에 이따금 이런 기사들이 나곤 한다.
"아목으로 한 동네 7명 흉기에 찔려 중태..."

푸푸탄은 발리로 옮겨간 마자파히트의 자존심과
침략으로 인한 스트레스가 한꺼번에 분출된
집단 아목현상의 결합이 아니었을까?

14세기에 전성기를 맞은 마자파히트의 이야기에서 유럽인의 침략에 맞선 20세기초의 푸푸탄으로 시간을 훌쩍 뛰어넘었다.

이제 서양인들의 침략이 시작된 이정표적 사건으로 되돌아가려고 한다.
미뤄놓았던 그 사건,
1511년
포르투갈의 믈라카 침공.

이걸 이야기 하기 위해 유럽의 대항해시대로, 15세기말의 동남아로 되돌아간다.

제4장

식민지 시대의 서막

중세의 막바지 15세기의 유럽은 바다 건너의 풍요로운 땅들을 꿈꾸었다.
탐욕의 몽상이 그들을 먼바다로 끌어내었다. 대항해의 시대가 시작되었다.

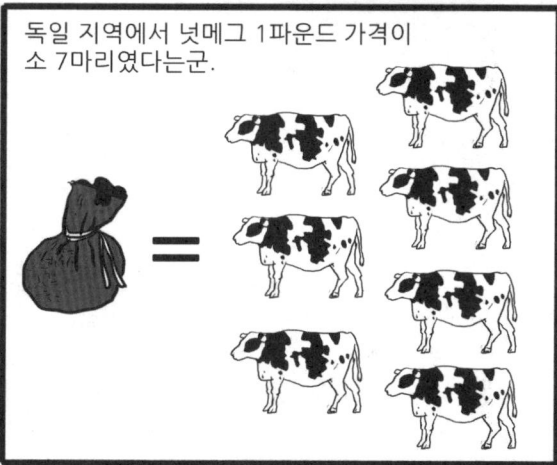

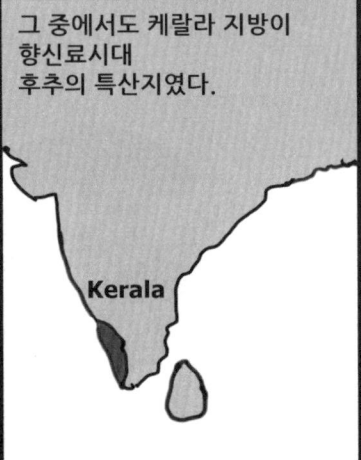

그다음은 계피

계피나무의 껍질을 도려내어 말려서 사용하는데

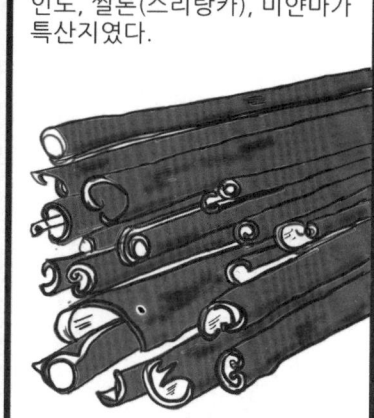
인도, 씰론(스리랑카), 미얀마가 특산지였다.

여기까지는 우리가 자주 접하는 향신료들이다. 하지만 지금부터 등장하는 두가지는 우리들에게 익숙하지 않은 것들인데...

먼저 클로브(clove)

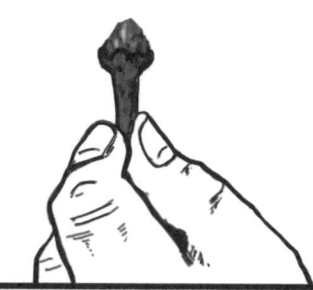

못처럼 생겼대서 한자권에서는 '정향'이라고 부른다.

못 '정'을 써서 말이다.

정향나무의 꽃봉오리가 미처 다 피기 전에 수확하여 건조시키는데 완전히 말리면 짙은 갈색을 띠면서 독특한 향기를 풍긴다.

담배를 피우던 시절의 일이다. 미팅 중에 알싸한 향기가 풍겨왔다.

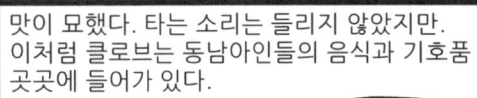

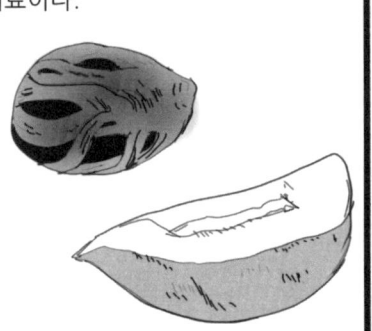

제4장 / 식민지 시대의 서막 — 225

- 말루쿠제도 ← 49~51쪽

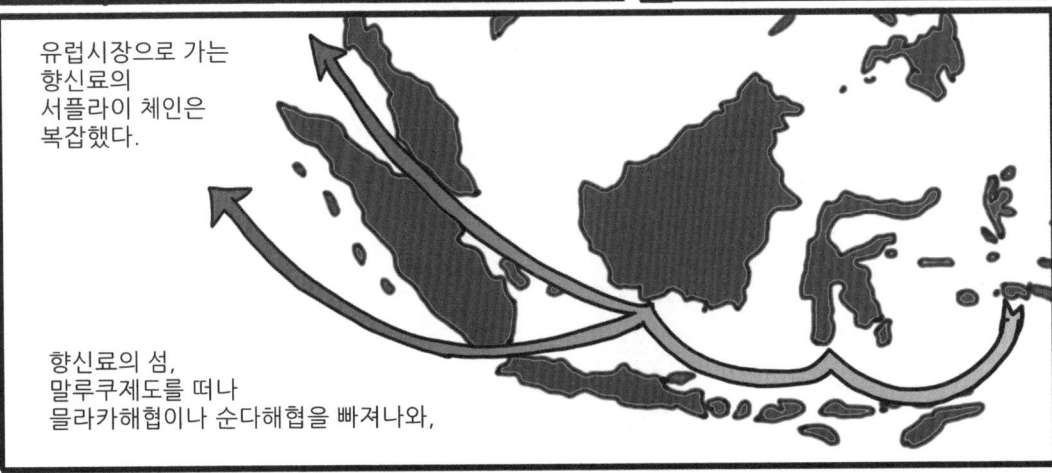

제4장 / 식민지 시대의 서막 — 227

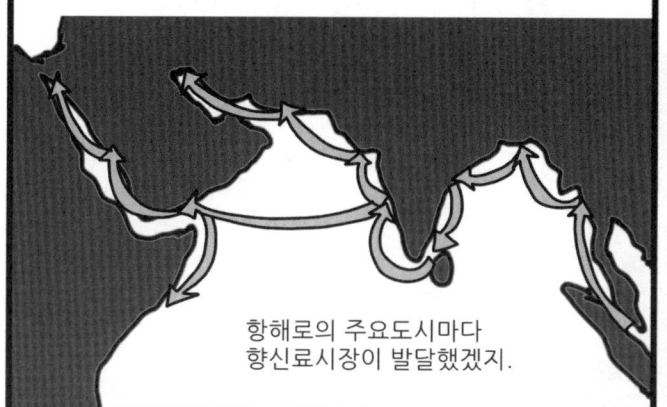

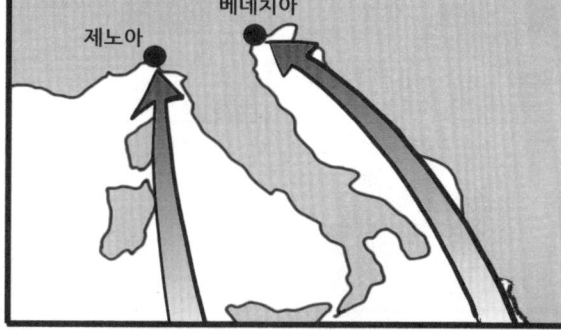

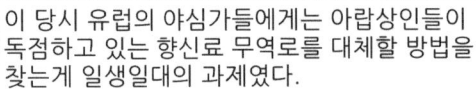

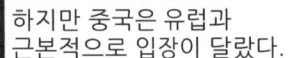

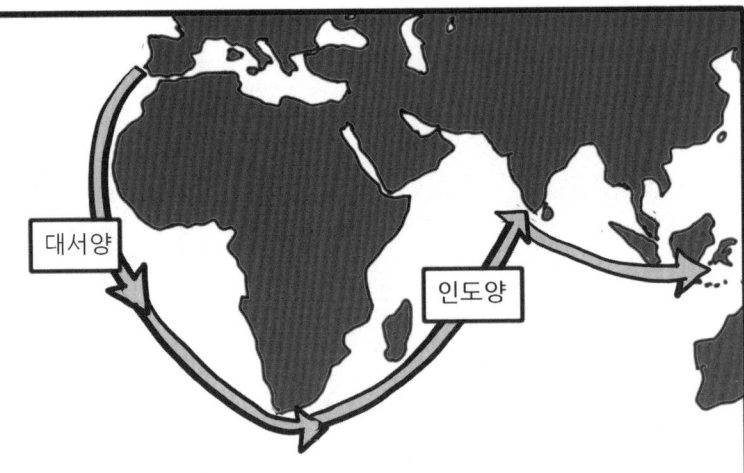

콜럼버스 만큼 유명해지진 못했지만 아시아의 향신료에 이르는 길을 바로 찾아든 사람들도 있었다.

이슬람 카르텔이 건설한 거점들을 거치지 않아도 되고 오스만 투르크가 점령해버린 육로를 통과하지 않아도 되는 이 새로운 바닷길을 개척한 사람들이다.

대서양
인도양

뭐 빙돌아 간 것 밖에 없구만.

그건 지금의 관점에서나 하는 얘기고,

동쪽으로 틀어야 향신료의 섬에 갈 수 있을텐데

가도 가도

이 대륙의 벽은 끝이 없군.

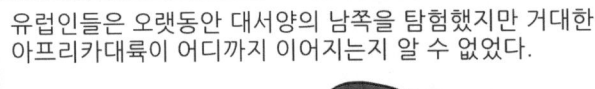

유럽인들은 오랫동안 대서양의 남쪽을 탐험했지만 거대한 아프리카대륙이 어디까지 이어지는지 알 수 없었다.

이 사람이 아프리카의 끝을 확인하기까진 말이다.

바르톨로뮤 디아즈
(1450~1500)

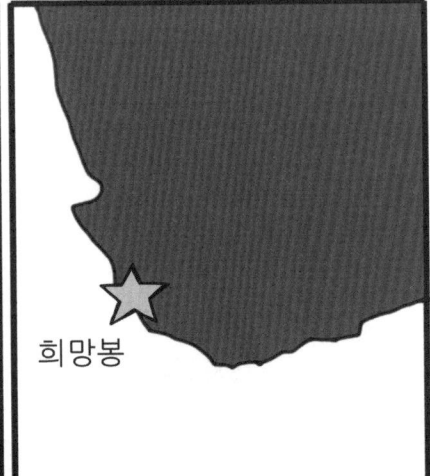

희망봉

제4장 / 식민지 시대의 서막 — 231

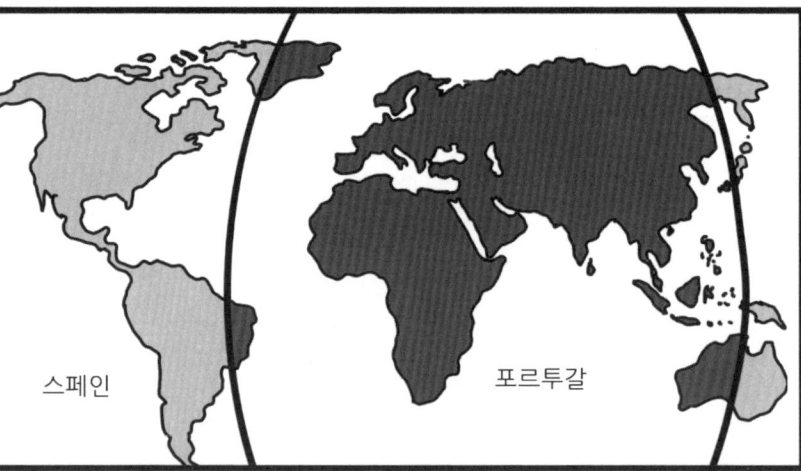

지구본을 펼치니 대충 이런 그림이 나왔다.

1494년에 지구를 반으로 가른 이 약속은 이후 수차례 변경되고 다툼도 있었지만 대항해와 정복시대의 큰 틀을 이루었다.

스페인   포르투갈

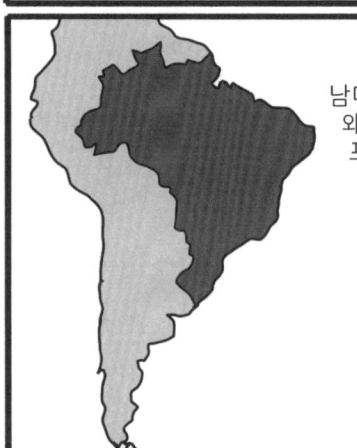

스페인의 아성이던 남미대륙에서 왜 브라질만 포르투갈의 식민지가 되었는지.

스페인이 왜 지구를 거꾸로 돌아 태평양으로부터 필리핀을 점령했는지 짐작이 갈 것도 같다.

교황의 교통정리도 있었겠다, 대항해시대 탐험가들이 훑고 간자리에 정복자들이 나타났다.

두둥

이른바 콩퀴스타도르의 시대.
(conquistadore)

— 마젤란의 필리핀 항해 → 2권 15~22쪽

제4장 / 식민지 시대의 서막 — 235

스페인의 코르테스가 수백명의 병력으로 목테주마를 처형하고 아즈텍문명을 멸망시키던 시기에

에르난 코르테스
(1485~1547)

동남아에는 포르투갈의 알부퀘르크가 향신료 무역의 최대 거점인 믈라카를 차지하기 위해 군대를 이끌고 왔다.

Alfonso de Albuquerque
(1453~1515)

알부퀘르크,
영어로는
앨버커키

1511년! 기억해야 할 해이다.
알부퀘르크에 의해
동남아에서
가장 풍요롭던
무역도시 믈라카가
함락된 해이며
이후 400년간 이어질
유럽인에 의한
동남아 식민지화의
단초가 된 해이다.

믈라카의 술탄
마무드 샤가 조호르로
패주한 역사는
이미 이야기 했다.

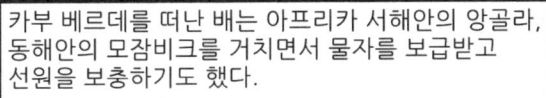

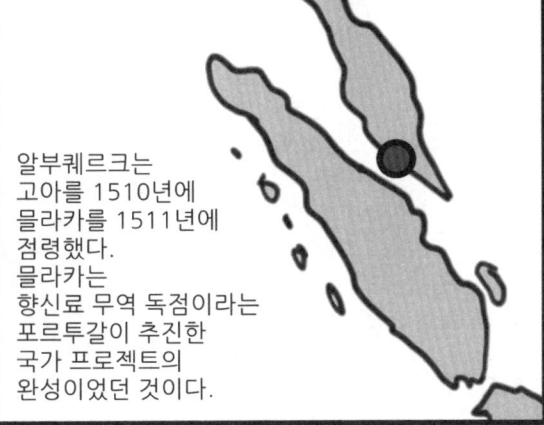

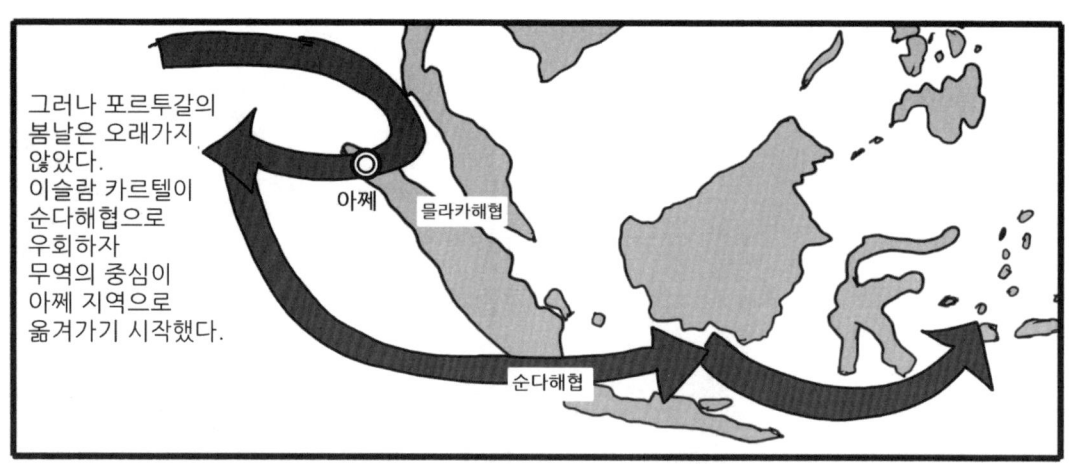

근본적으로 포르투갈은 식민지 경영을 할 만한 국가적 역량이 부족했다고 봐야 할 것이다.
군사적으로 한 지역을 일시적으로 점령할 수는 있어도 이걸 유지하고 발전시킬 인재의 풀과
행정능력과 해군력의 준비가 없었다.

이즈음 유럽에서 아무도 예상치 못한 일이 벌어졌다.
1588년 스페인의 무적함대가 신흥해양국 영국에게 참패를 당한 것이다.

이 사건은 유럽의 중심이 남유럽에서 서유럽으로 넘어갔다는 걸 의미한다. 포르투갈이 1511년 믈라카를 점령하면서 차지했던 동남아의 이권을 두 나라가 비집고 들어왔다.

이 자들은 내 말 같은건 관심도 없군.

이들은 포르투갈보다 훨씬 유능하고 악랄했다.
그리고 국가가 아닌 기업이 식민지 사업에 앞장섰다.

세상을 움직이는건 뭐??

그야 자본이지!!

영국

네덜란드

제4장 / 식민지 시대의 서막 — 243

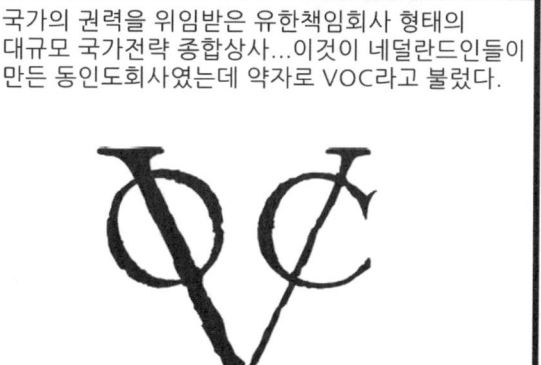

네덜란드 동인도회사의 로고

제4장 / 식민지 시대의 서막 — 247

상선 150척에 호위전함이 40척, 정규직 종업원만 5만명에 용병이 1만명이라고 기록되어있다. 네덜란드의 인구가 2백만도 안되던 시절이니...

종업원 인당 작게 잡아 4인가족이라고만 쳐도 전국민의 10%이상이 VOC 월급으로 먹고 살았다는거고 주주들까지 포함하면 실질적으로 네덜란드 전체를 VOC가 먹여살렸다는 얘기다.

우린 별게 아니군...

작은 나라가 돈을 벌다보니 네덜란드인들을 지독하고 무자비한 상인들로 무시하기도 했다.

더치 페이
(Dutch pay)

No, no, 그건 좀 콩글리쉬이고 우린 'Dutch treat'이라거나 'go dutch' 이런 식으로 쓰죠.

어쨌든 경멸의 뉘앙스를 담고 있다.

품위없는 구두쇠들.

이런 표현도 있다.

Dutch courage.

술 취한 상태에서 부리는 만용이라는 뜻이다.

옥상으로 당장 올라와!

이게 다 네덜란드와 동남아에서 무역 주도권을 놓고 다투던 영국인들의 작품이라는 설이 유력하지.

제4장 / 식민지 시대의 서막 — 249

이렇게 말할 수 있는건 이 화가 때문이다.
네덜란드의 황금시대에 활약했던
빛과 어두움의 화가 렘브란트.

Rembrandt van Rijin (1606~1669)

그의 대표작
'야경순찰대'
1642년작

직물캔버스 위에
그린 유화로서는
스케일이
대단하다.
무려
3.6미터X4.3미터

직원이 많고 회사가 크다보니 VOC 직원이 한반도 땅을 밟는 사건도 발생했다.

헨드릭 하멜
(1630~1692)

1653년, 제주도로 표류한 하멜과 35명의 동료가 VOC의 직원들이었다. 회계과 직원이던 하멜이 일본으로 탈출한 후 조선에 억류되었던 13년간의 경험을 책으로 펴냈는데

*하멜표류기에서

암스테르담에서 출판된 '하멜표류기'는 별로 팔리지 않았단다. 마르코 폴로처럼 MSG를 듬뿍 뿌리질 않았거든.

당시 일본의 에도막부도 대단히 보수적인 정권이었지만 조선과 달리 해외 네트웍에 연결되어 있었다.
난파한 배도 동남아에서 나카사키로 가던 VOC의 무역선이었고 하멜 일행이 조선을 탈출해 찾아간 곳도 나카사키의 네덜란드 무역사무소였다.

네덜란드 동인도회사(VOC)와 비슷한 시기에 생겨난 영국 동인도회사 이야기로 넘어갈 참인데 이왕 이야기 나온 김에 일본인이 등장하는 사건으로 시작해볼까?

1623년 암본섬.

어느날 일본인 낭인 하나가 네덜란드의 암본 총독 스펠트 앞에 붙잡혀 왔다.

이 자식이 우리 초소를 염탐하고 있길래 붙잡아 왔습니다.

제4장 / 식민지 시대의 서막 — 255

지금도 주석벨트의 끝단에 위치한 방카섬에서는 바다 바닥에서 모래를 빨아올려 주석을 채취하고 있고

주석벨트 곳곳의 개울에서는 아낙네들이 사금 캐듯 주석 몇 톨을 건져내어 살림에 보태고 있다.

Doulang washer

19세기에 미국 서부에 골드 러쉬가 있었다면 동남아에는 틴 러쉬(Tin Rush)의 바람이 분거지. 주석과 아편이 말레이반도로 영국인들을 강력히 끌어당겼다.

영국인들에게 필요한 것은 입지가 좋은 항구의 요새와 주석을 캐내줄 값싸고 부지런한 노동력이었다.

그리하여 영국인들이 말레이인의 땅에서 중국인을 들여와 돈을 버는 '아편과 깡통의 궁전'*의 시대가 시작되었다.
이른바 해협식민지(Straits Settlement)의 시대이다. *2019년, 강희정 저, 푸른역사 간

제4장 / 식민지 시대의 서막 — 259

부기스족은 원래 술라웨시가 본거지인데 네덜란드에게 향신료 상권을 빼앗긴 후 말레이반도 여러 곳으로 이주를 했다.
이들은 원래 누산타라를 누비며 해적질로 단련이 된 터라 이주과정에서 토박이들과의 전투가 붙으면 백전백승, 여러 술탄국에서 막후실세로 자리잡았다.
싱가폴에 부기스 스트리트, 부기스 정션 등 지명으로 남아있다.

라이트는 드디어 공을 세울 기회가 왔다고 생각했겠지.

고뤠요?!

대영제국이 동남아의 아키펠라고 지역에 거점을 마련할 결정적인 찬스라고 생각합니다.

동인도회사의 본사는 인도에 있었다.

원론적이고 성의없는 대답이 돌아왔다.

어느 한 술탄만 편들면 현지의 복잡한 내부정치에 말려들 위험이 있다.

반려함!

몇 년 후 또다시 비슷한 제안을 받았는데...

시암에서 자꾸만 무리한 요구를 하는데 중재해준다면...

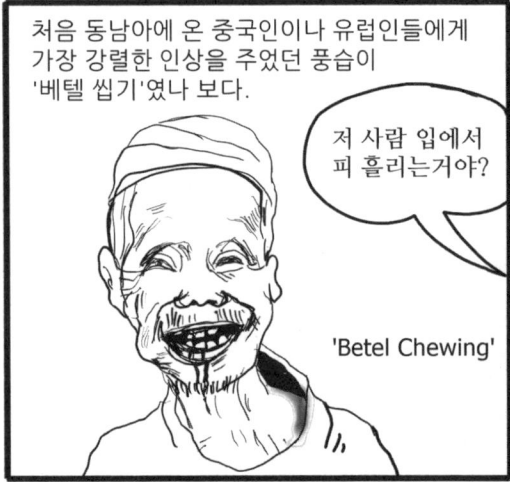

제4장 / 식민지 시대의 서막 — 263

베텔은 아레카 야자의 열매이다.
이걸 이파리에 얹은 다음 석회가루를 발라서
쌈을 싸듯 입에 넣고 씹는다. 지역에 따라서
담배를 첨가하는 곳도 있다.

태국에서는 마악(maak)
버마에서는 판(paan)이라고
부른다.

그러면 베텔 열매에서 나온 붉은 즙이
입 안에 고이고 이걸 아무데나 뱉어내어
지금은 덜하지만 옛날에 동남아 거리들은
온통 베텔 자국으로 얼룩져 있었다.

죠지 오웰의 식민지 시절 경험을 쓴
소설에 보면 이런 이야기가 나온다.

버마인들이 몰래 다가가
영국여자의 흰 드레스에
베텔 씹은 붉은 침을
뱉는 걸 보고는
그들의 증오가
얼마나 깊은지
느꼈다고.

타이완은 한족 문화라기보다
동남아 문화와 같은 뿌리이다.
출장을 가면 길거리의 매점에서
아슬아슬한 옷을 입은 젊은 여자들이
베텔을 팔고 있었는데 지금도
그러는지 모르겠다. 택시기사나
오토바이 택배기사들이 단골이었다.
베텔이 각성제 역할을 하기 때문이다.
구강암의 주범이라 지금은
규제 때문에 많이 사라졌지만
동남아 오지에는 아직도 남아있다.

마젤란이 필리핀에 처음 도착했을 때
이런 기록을 남긴걸 보면 꽤 오래된
풍습인데다가

닭싸움과
베텔 씹는 풍습이
가장 신기했다.

제4장 / 식민지 시대의 서막 — 265

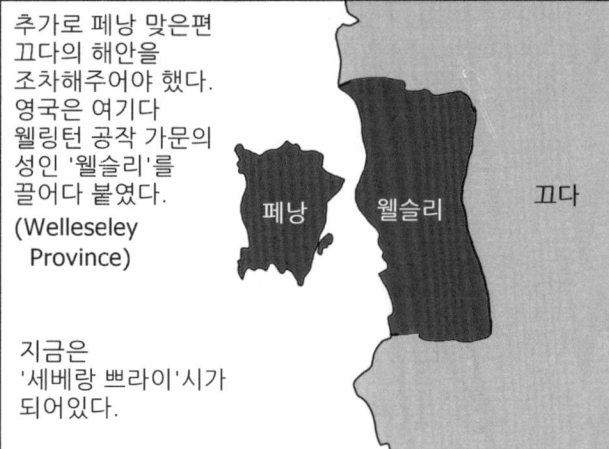

이런 식의 동아시아적인 사고방식으로는 동남아시아를 이해하기 어렵다.

근대에 와서야 크게 묶어서 '말레이인종'(Orang Melayu)이라는 개념이 생겨났을 뿐, 자바, 부기스, 미낭카바우, 아쩨... 수백 인종과 언어집단이 서로 다른 종족으로 인식하여 때로는 싸우고 때로는 동맹을 맺으며 살아온게 동남아 도서지역의 역사이다.

유럽인들도 또 하나의 다른 종족일 뿐이지.

상황에 따라서 싸울 수도 있고 동맹이 될 수도 있는.

이들은 서양인들을 페링기(Feringgi) 또는 파랑(Farang)이라고 불렀다.

페링기족은 돈을 밝히며 좋은 무기와 큰 배를 가지고 있는 종족이다.

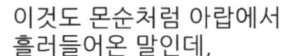

이것도 몬순처럼 아랍에서 흘러들어온 말인데,

모심! (mausim)

그래, 몬순!

십자군전쟁 때 이랬단다.

어디서 굴러온 놈들이냐?

우리는 위대한 '프랑크'족이다!

뭐래나?

페링기라는거 같은데?

제4장 / 식민지 시대의 서막 — 269

페낭에서 근무하던 래플즈의 소문이 인도 본사에까지 흘러들어갔다.

그렇게 열심히 일하는 친구가 있다며? 이리로 데려오게.

지점의 직원이 본사 사장에게 발탁되어 인도 본사로 발령이 난거지.
민토경은 평생 래플즈의 후원자 역할을 해주었던 사람이다.

1대 민토 백작
(1751~1814)

래플즈에게 동남아 도서지역 담당보좌관을 맡겨놓았는데 이런 주장을 하는거야.

영국이 자바를 점령해서 통치해야 합니다. 더치들에게 맡겨둘 수는 없어요.

프란시스 라이트와 스탬포드 래플즈는 흙수저 외에도 또 한가지 공통점이 있다. 영국제일주의.

우리 영국인만이 이 우매한 아시아인들을

제대로 통치하고 선도할 수 있다.

어떤 상황이었냐면 나폴레옹군이 네덜란드를 점령하고는 댄들이라는 인물을 자바 지사로 보냈는데 과격파 나폴레옹 추종자였다.

우리는 나폴레옹 폐하의 개혁사상을 전파할

현지 사정을 무시하고 일방적 개혁정책을 펼치는 바람에 자바 전역에 반란이 그치지 않았다.

의무를 띠고 이 땅에 태어났다.

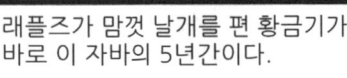

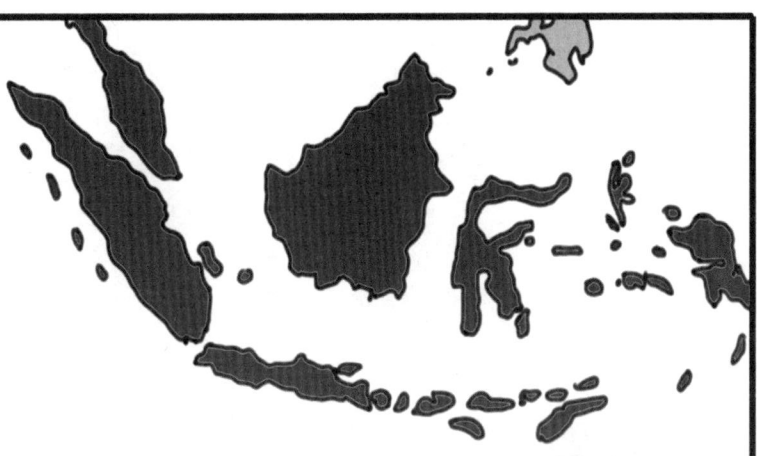

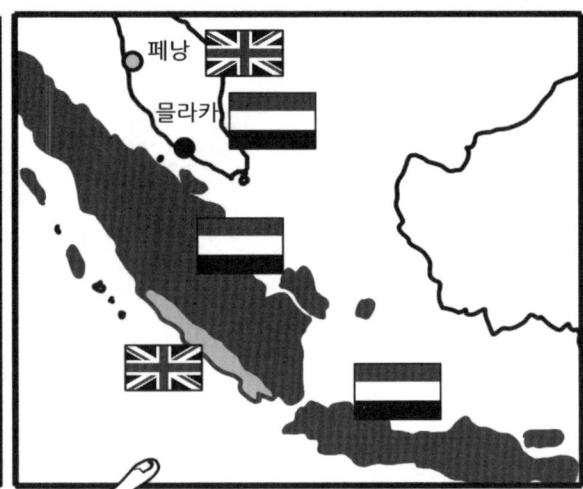

제4장 / 식민지 시대의 서막 — 273

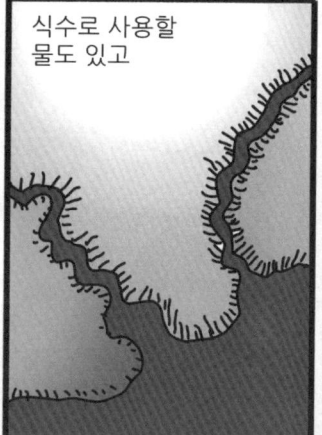

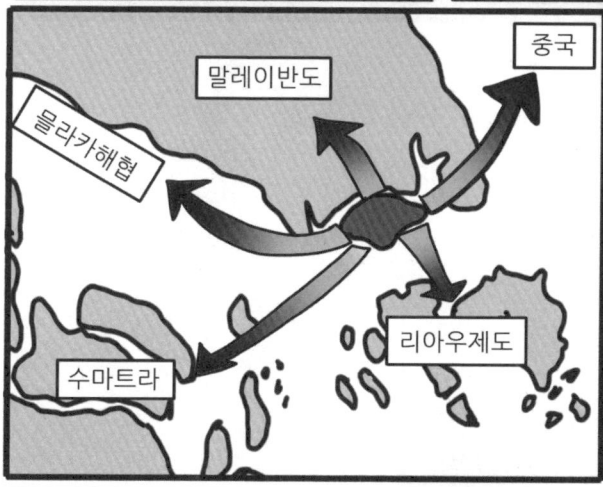

– 테마섹 ← 186~188쪽

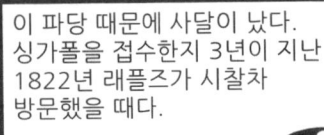

파커는 해임 후에도 수개월간 싱가폴을 떠나기를 거부하다가 1823년 12월에야 영국으로 돌아갔다.
그가 떠날 때 유럽인 사회는 모두 나와 예포로 배웅했고

수많은 현지인들까지 항구에 나와 이별을 아쉬워했다고 한다.

미스터 파커, 당신이 싱가폴을 만들었어요!

1826년 래플즈가 런던에서 죽을 때까지 둘의 싸움은 계속되었다.
그 싸움은 래플즈가 그토록 혐오하던 동남아 도박판의 닭싸움과 다를 바 없었다.

사실은 래플즈가 죽고 나서도 이 싸움은 계속되었다. 래플즈 사후 그의 부인이 펴낸 회고록 때문이었다.

싱가폴의 건설은 오로지 제 남편 래플즈경 한 사람의 아이디어와 집념으로 이루어진 겁니다.

진정으로 누가 오늘날의 번성하는 싱가폴을 만들었는지는 부인이 아닌 싱가폴 민중들이 판단해줄 것이다.

한 장소에 그토록 잠깐 머물고도 그토록 자신의 이름이 많이 붙여진 인물은 역사상 래플즈 밖에 없지.

이게 처칠이 이런 독설을 뱉은 배경이다.

래플즈의 동상이 래플즈광장에 우뚝 서있고 싱가폴의 지명이나 기관에 래플즈의 이름을 붙인게 100개 가까운데 반해서

파커의 이름은 단 하나도 남아있지 않다. 예전에는 니콜웨이와 노스브리지로드 사이의 조그만 길에 파커로드라는게 있었다는데 1994년 도로정비 와중에 그마저 없어졌단다.

2015년에 40대의 나이에 캐나다 수상이 된 쥐스뗑 트뤼도가 파커의 5대 외손주라는 걸로 위로를 삼을 수 있으려나?

래플즈가 병든 몸으로 싱가폴을 떠나기 직전인 1824년 3월, 영국과 네덜란드는 매우 중요한 조약을 하나 체결했다.

서로 남의 구역에 땅을 가지고 있으면

관리하기도 불편하니

물라카와 벤쿨렌을 맞교환합시다.

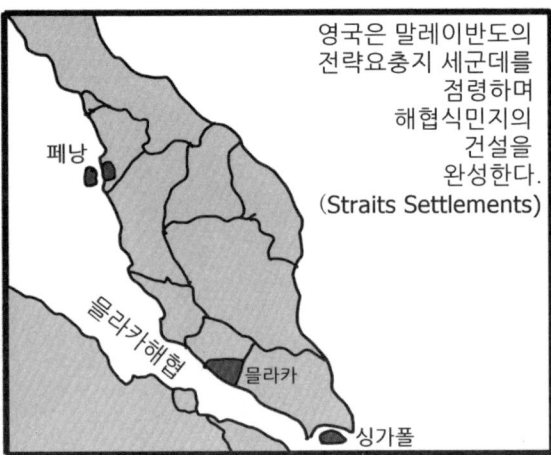

스리위자야와 마자파히트의 영역을 자기들끼리 쪼개서 나눠가진거지.
이렇게 1824년의 조약은 이후 영국령은 말레이시아, 네덜란드령은
인도네시아로 갈라지게 된 역사적 시발점이 되었다.

래플즈와 파커는 이 조약 이후 영국에서 은퇴해 말년을 보내다가
래플즈는 지병으로 1826년 45세에, 파커는 1839년 65세에 세상을 떠났다.

둘은 공을 다투며 서로 미워했지만 둘 다 음울한 영국의 겨울 하늘 아래서
똑같이 남국의 태양을 추억하며 죽음을 기다렸으리라고 확신한다.

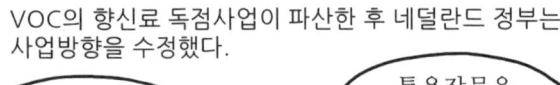

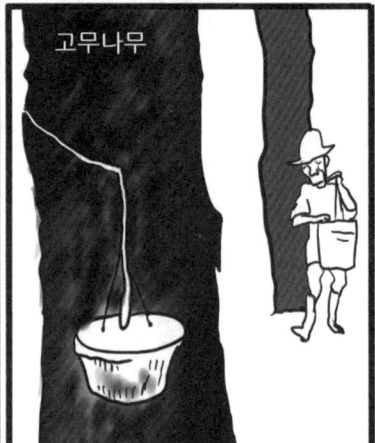

플랜테이션 시스템에서는 어떤 작물을 심을지 식민정부에서 결정했다.
이건 단순히 논이 고무나무 숲으로 바뀌는 문제가 아니다.
쌀농사를 중심으로 형성된 동남아 전통사회와 문화를 해체시키는 역할을 했다.

그리고 플랜테이션의 도입은 식민정책에서 또 하나의 커다란 변화를 불러왔다.
포르투갈이나 네덜란드나 전략적 요충지를 차지하여 무역로를 장악할 수 있으면 그만이었다.
하지만 플랜테이션을 하려면 땅이 필요하다.

식민지가 '**점의 개념**'에서 '**면의 개념**'으로 바뀌었다.
본격적인 영토점령의 식민지시대가 시작된 것이다.

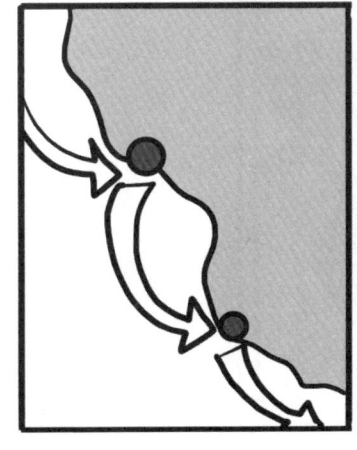
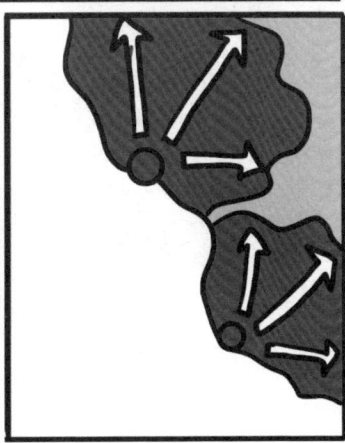

제4장 / 식민지 시대의 서막 — 287

- 해골정부 ← 123쪽

제4장 / 식민지 시대의 서막 — 289

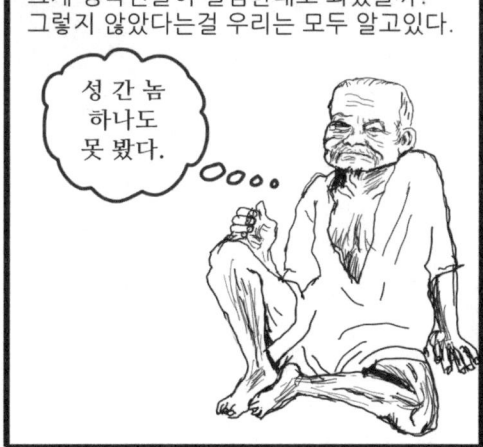
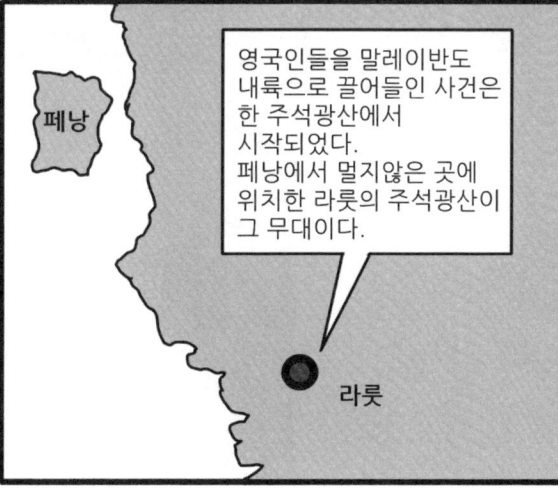

제4장 / 식민지 시대의 서막 — 291

주석광산에는 돈이 돌고 사람이 모였다.
그것도 내일을 모르는 수컷들만.
동남아 틴러쉬(tin-rush)의 분위기는
미국 서부시대 골드러쉬의 그것과
비슷했으리라.

이런 분위기에서 잘되는 장사는 뻔하지.

술

도박

매춘

이 모든 어둠의 사업을 중국인 광산주들이
거머쥐고 있었다. 거기다 더하여 정말 짭짤한
품목까지 쥐고 있었으니 윤기가 도는 검은 콩,

아편이 최종적으로 유통되는 형태인 찬두였다.

중국인 쿨리들은
아편 엑기스를
37그램씩 빚어놓은
찬두에 월급을
털었다.

불꽃에 스러져가는
찬두의 냄새를 맡으며
쿨리들은 환상 속에서
고향에 두고온 가족들을
만나기도 했고
고달픈 노동의 일상을 잊고
천국의 꽃동산을
거닐었을 것이다.

이렇게 중국인 광산주들은 쿨리들의 헐값 노동력으로 캐낸 주석을 팔아 한번 돈을 벌고

도박과 매춘과 아편사업을 운영하여 쿨리들에게 내준 푼돈을 다시 빨아들였다.

이중착취구조는 무슨... 광산의 이모작이라고 해둡시다.

제4장 / 식민지 시대의 서막 — 293

중국에는 폭력 비밀결사의 오랜 역사가 있다. 불빛에 부나방들이 몰려들 듯 어두운 사업이 있는 곳에 반드시 이들이 있었다.

주석광산에 술, 도박, 매춘, 마약이 어울려 검은 돈이 돌아다니는데 이런 형님들이 끼어들지 않을 리가 없다.

라룻 주석광산 지역에는 두 계파가 각축을 하고 있었는데

기힌꽁쓰 (義興公司)

광동방이 주축이 되어 만들어진 조직이었고,

하이산꽁쓰 (海山公司)

객가방을 중심으로 조직된 단체였다.

하이산과 기힌은 라룻광산지역의 이권을 놓고 1861년부터 1874년까지 큰 전쟁만 네 차례 치르는데 중국인 폭력조직 사이의 패싸움이 말레이반도 역사의 흐름을 바꿔놓게 된다.

주석을 골라내는 과정에서 대량의 물이 필요한데 첫번째 전쟁은 물길 문제로 일어났다.
겨우 중재가 되었지만 양대 패밀리의 적대감은 조그만 불똥으로도 폭발할 수 있는 상태였지.

두번째 전쟁은 도박장의 시비로 벌어졌단다.

이 자식이!

밑장 빼지 말랬지!!

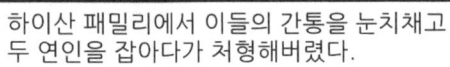

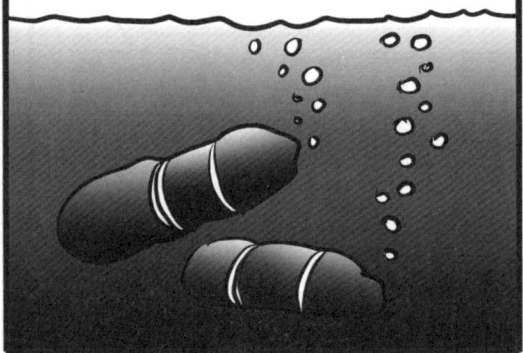

제4장 / 식민지 시대의 서막 — 299

이때 해협식민지 총독의 자리에 앤드류 클라크가 막 부임해왔다.

싱가폴 강변의 퍼브가 주욱 늘어산 거리 클라크키(Clarke Quay)가 이사람의 이름을 딴거지.

청켕퀴가 신임총독 면담을 요청했다.

총독 각하, 이제 영국이 직접 개입해야 할 때가 되었습니다.

영국도 꿍꿍이속이 있었기에 여태까지의 불개입정책을 바꾸었다.

라룻전쟁에 관련된 힘깨나 쓰는 인사들은 모두 모이시오!!

페락의 술탄 자리를 둘러싸고 다투던 압둘라, 이스마일과 양쪽 파벌의 귀족들

하이산의 두목 청켕퀴, 기힌의 두목 친아얌, 그리고 그들의 고위 보쓰들이 모두 한자리에 모였다.

제4장 / 식민지 시대의 서막 — 303

팡코르조약에 이어 상주감독관 피살사건으로 영국은 내륙 정치에 더욱 깊숙이 얽히게 되어 1875년에 4개주가 영국보호령을 받아들여 연방을 형성하게 된다.
소위 **연방말레이주(FMS)**의 탄생이다.
-Federated Malay States

이 시점에 해협식민지(싱가폴, 페낭, 믈라카)는 직할 식민지로서 영국 총독의 직접적인 지배를 받았고 연방말레이주는 보호령으로서 명목적이지만 술탄이 계속 존재하는 체제였다.

 연방말레이주(FMS)에 속한 4개주

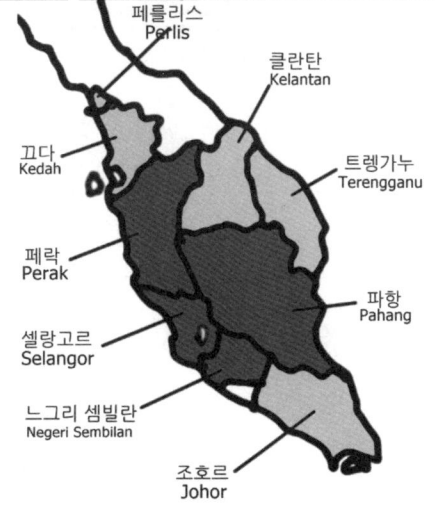

연방말레이주(FMS)의 초대 총감독관으로 부임한 인물이 아편 망언의 주인공 프랭크 스웨트넘이다.

"중국인들에게 아편을 팔지않으면 술을 퍼마실 것이다."

연방의 수도는 어디로 정했을까? 전통 도시가 아닌 신흥개발도시를 점지했다.

쿠알라(Kuala)

강이 바다나 다른 강에 합류하는 지점

룸푸르(Lumpur)

진흙

이름에서 짐작할 수 있듯이 오늘날 같은 메트로폴리스는 상상도 할 수 없었던 강가의 버려진 밀림이었다.

주석 붐을 타고 개발된 볼품없는 신흥도시가 말레이연방의 수도가 된 사연을 이야기 하자면 이 사람의 이야기를 빼놓을 수가 없다.

얍 알로이
葉亞來
(1837~1885)

얍알로이는 청켕퀴와 마찬가지로 광동 객가 출신이지만 훨씬 열악한 형편의 전형적인 신커였다.

新客

열일곱살에 말레이반도에 도착한 그가 얻은 첫 직업은 대부분의 신커들이 팔려간 곳, 주석광산의 쿨리였지.

苦力

— 프랭크 스웨트넘 ← 293쪽

제4장 / 식민지 시대의 서막 — 305

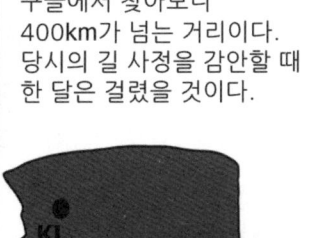
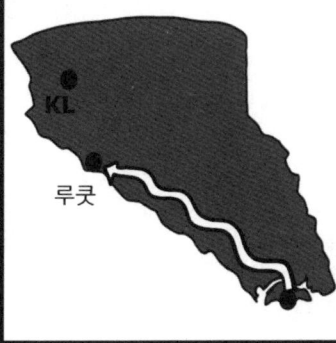

하지만 얍알로이가 싱가폴에서 사기를 당하지
않았다면 인생 후반의 말레이반도 출세기는
날아갔을테고, 그렇다면...
오늘날의 말레이시아 수도는 KL이 아닌
딴 곳이 되었을지도 모른다.

그래서 말인데,

인생은 참 묘한 것이다.

초재진보(招財進寶) 네 글자를 합성한
중국식 부적. 재물이 굴러들어오고
보물이 꼬인다, 이런 뜻.
바로 얍알로이에게 생긴 일이지.

주방장, 가게 점원, 양돈업, 닥치는대로 일을 하다가
인생이 바뀌는 전기가 생겼다.

내가 이번에 KL의
꺼삐딴이 됐는데
와서 좀 도와주지
않겠나?

옛날에 동업하던 친구가 꺼삐딴이 된거야.
이때부터 얍알로이의 인생이 달라졌다.

눈치 빠르고 성실한 얍은 때마침 내륙으로
진출하고 있던 영국인들의 신뢰를 얻었고
친구 리우김콩이 1869년에 죽자
이어서 KL의 꺼삐딴으로 임명되었다.

이후 KL 하이산의 대부로서 아편, 주석의
이권을 두고 기힌 패밀리와 맞붙게 되는건
페낭의 청켕퀴 스토리와 비슷한 복사판이라
생략한다.

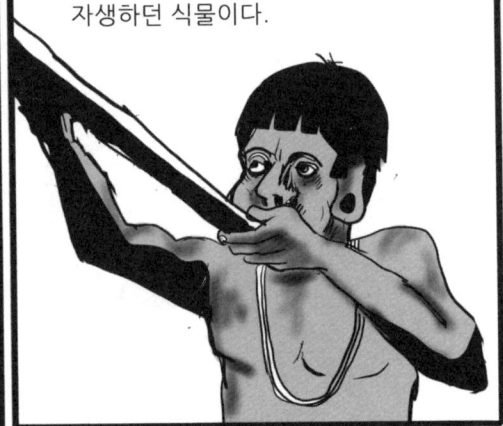

하지만 20세기초 세계최대의 천연 라텍스 생산지는 동남아였다.
동남아 고무나무 플랜테이션의 발상지는 바로 이곳, 싱가폴 보태닉 가든이다.

만약 싱가폴에서 딱 한 곳만 가볼만 한 곳을 대라면 단연 보태닉 가든(식물원)을 추천한다.

가능하면 이른 새벽에 가볼 것을 권한다. 무료인데다 아침 일찍 문을 열거든.

번잡한 국제도시의 한가운데에서 열대의 숲 사이를 명상하며 산책하고 나오다보면 한없이 느린 동작으로 타이지를 수련하는 시민들을 만날 것이다.

식물원 근처 카페의 갓 구운 빵이나 죽집의 중국식 죽 한그릇으로 요기를 하면 멋진 열대의 하루를 시작할 수 있다.

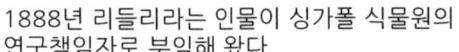

* 이 책에 등장하는 장수 3인방: 헨리 리들리, 보응웬지압, 쁘렘 띠나술라논
* 아직 생존 중인 장수 후보 3인방: 마하티르, 엔릴레, 엘리자베스 여왕
  (엘리자베스 여왕은 100세를 채우지 못하고 2022년에 서거하였다.)

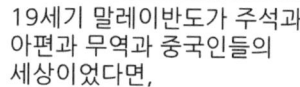

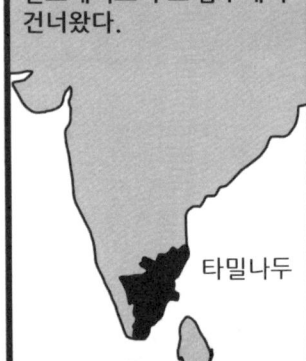

제4장 / 식민지 시대의 서막 — 313

네덜란드인들이 향신료 무역에서 특용작물(Cash Crop)의 플랜테이션으로 전환하면서 영토의 지배가 필요했듯이 영국인들도 주석사업에서 고무 플랜테이션으로 넘어가면서 내륙의 땅을 점령할 이유가 생겼다.

말레이인들의 땅을 영국인이 소유하여 중국인과 인도인들을 고용한 농장과 광산이 뒤덮은거지.

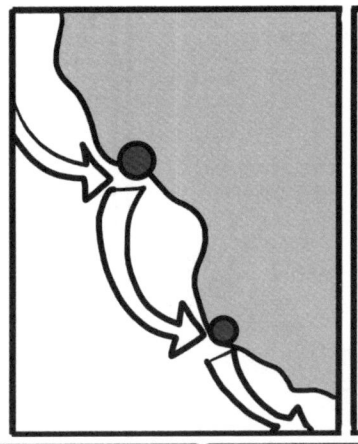
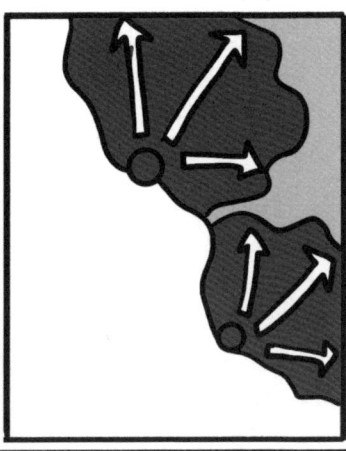

훗날, 2차세계대전 후 영국이 나간 후에 보니 말레이인들 입장에서는 황당한 거야.

우리 땅인데 우리보다 중국인, 인도인이 더 많잖아!

그뿐인줄 아슈? 우리보다 돈도 훨씬 더 벌어요.

말레이인들은 주로 캄퐁(농촌마을)에서, 농사만 지었거든.

말레이반도의 이 황당한 인구비율은 20세기 후반 말레이시아, 싱가폴의 현대사에서 큰 소용돌이를 만들게 된다.

오로지 영국인들의 이익을 위해서 중국인, 인도인들을 끌어들인 것 아뇨?

지금 와서 우리보고 어쩌라구요?

말레이시아 초대수상 툰쿠

싱가폴 정치인 리콴유

— 압둘 라작 툰쿠 ➜ 3권 164~171쪽

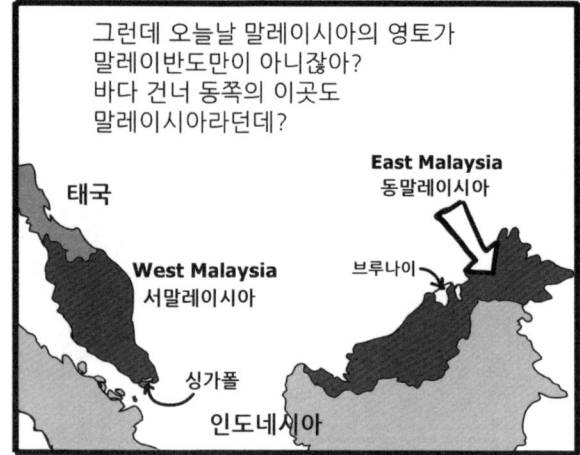
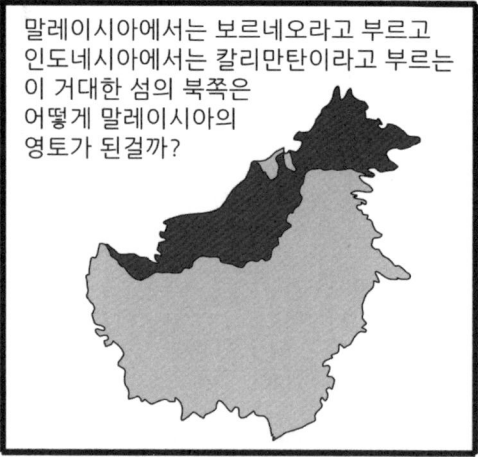

- 버마-영국 전쟁 ➡ 2권 99~106쪽

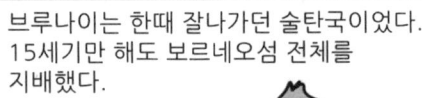

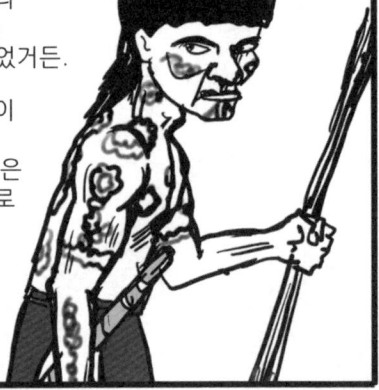

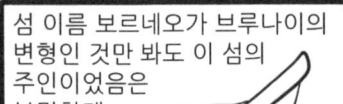

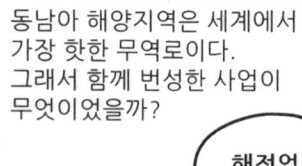

제4장 / 식민지 시대의 서막 — 319

지금은 사바주가 된 지역도 모험가와 투기꾼들이 세운 북보르네오회사의 조차지를 영국 정부가 사들인거고

구석으로 밀려난 원래 주인 브루나이왕국은 영국의 보호령이 되었다. 그런데 브루나이만 말레이시아에 편입되지 않고 떨어져나온 사정은 나중에...

낄까, 말까?

영국인들은 프랜시스 라이트라는 모험가가 얻어낸 페낭에서부터 시작하여 처음에는 타의 반, 나중에는 자의 반으로 야금야금 파먹더니 20세기초에 이르러서는 말레이반도에서 보르네오섬 북부에 걸치는 복잡한 서열의 식민지들을 갖게 되었다.

- 페를리스 Perlis
- 끄다 Kedah
- 클란탄 Kelantan
- 트렝가누 Terengganu
- 페락 Perak
- 셀랑고르 Selangor
- 파항 Pahang
- 조호르 Johor
- 느그리 셈빌란 Negeri Sembilan

■ 연방말레이주(FMS) Federated Malay States
■ 비연방말레이주(UMS) Unfederated Malay States
■ 직할 해협식민지
■ 영국령 보르네오

이 영역이 지금의 말레이시아가 된건데

그 과정에 우여곡절이 참으로 많았더란다.

말레이시아, 인도네시아, 싱가폴, 브루나이, 이렇게 네 나라의 현대사가 물고 물려있다.

— 브루나이의 분리 ➡ 3권 187~188쪽

1권 마침.
- 2권으로 이어집니다.

참고 연표

802	캄보디아	크메르제국 자야바르만 2세 즉위
1009	베트남	리왕조 개조
1113	캄보디아	수야바르만 2세 즉위
1182	캄보디아	자야바르만 7세 크메르 중흥
1225	베트남	짠왕조 개조
1238	태국	수코타이 왕국 건국
1288	베트남	몽골군 남비엣 3차 침공 실패 (박당강전투)
1292	인도네시아	마자파히트 건국
1292	세계	마르코 폴로 여행기 출간
1405	세계	정화(쩡허)의 1차 원정
1427	베트남	레러이 명군 격퇴, 레왕조 개조
1488	세계	바르톨로뮤 디아즈 희망봉 항로 발견
1498	세계	바스코 다 가마 인도 케랄라지역 도착
1511	말레이시아	포르투갈 믈라카 점령
1521	필리핀	마젤란 쎄부에서 라푸라푸 추장에게 살해되다.
1571	필리핀	스페인 마닐라에 거점을 구축하다.
1588	세계	스페인 무적함대 영국에 대패하다.
1602	인도네시아	네덜란드동인도회사(VOC) 설립
1619	인도네시아	바타비아에 네덜란드 거점을 구축하다.
1623	인도네시아	VOC, 영국동인도회사 공격, 암본학살
1653	세계	VOC 직원 하멜 조선에 표류
1667	세계	영국과 네덜란드, 룬섬과 맨하탄 맞교환
1693	베트남	참파, 남비엣에 멸망
1752	버마	꼰바웅왕조 성립
1767	태국	버마의 침공으로 아유타야 멸망
1782	태국	통두앙(라마 1세) 짜끄리왕조 세우다.
1782	베트남	타이손 형제 다이비엣 통일
1786	말레이시아	영국, 페낭 점령
1802	베트남	지아롱황제 즉위, 응웬왕조 성립
1807	필리핀	아귀날도, 보니파시오를 처형시키다.
1819	말레이시아	래플즈 싱가폴 진출

1823	버마	영-버마 1차 전쟁
1824	말레이시아	런던조약, 네덜란드와 영국 믈라카/벤쿨루 교환
1828	라오스	아누웡의 반란 실패, 비엔티앤왕국 소멸
1841	말레이시아	제임즈 브루크 사라와크지역 라자 취임
1842	세계	청, 1차 아편전쟁 패배, 난징조약
1849	인도네시아	네덜란드 발리 침공, 푸푸탄 발생
1851	버마	영-버마 2차 전쟁
1857	세계	인도 세포이 반란
1859	베트남	프랑스군 사이공점령, 자유무역항 선언
1860	캄보디아	앙리 무오 앙코르유적 답사
1863	캄보디아	캄보디아 프랑스보호령으로 편입
1867	말레이시아	페낭, 싱가폴, 믈라카 영국의 직할 식민지 승격
1869	세계	수에즈운하 개통
1870	세계	미국 대륙횡단철도 완공
1874	말레이시아	팡코르조약, 영국 말라야 내륙진출
1883	베트남	프랑스의 베트남 병합
1886	버마	영-버마 3차 전쟁, 꼰바웅왕조 멸망
1887	베트남	프랑스 인도차이나연방 수립
1893	태국	팍남사태. 프랑스-시암 전쟁
1896	필리핀	호세 리잘, 스페인에 의해 처형
1898	필리핀	미국-스페인 전쟁
1904	캄보디아	노로돔사망, 시소왓 즉위
1909	태국	말레이반도 북부 4개 주, 영국에 할양
1917	세계	러시아 볼셰비키 혁명
1920	베트남	호치민 프랑스공산당 입당
1924	베트남	베트남청년혁명동지회 결성
1932	태국	쿠데타로 절대왕정 폐지, 입헌군주제 실시
1939	태국	타일랜드로 국호 개명
1941	베트남	베트민(월맹) 창건
1941	세계	일본 진주만 공습
1942	캄보디아	노로돔 시하누크 즉위

1942	말레이시아	영국령 싱가폴, 일본에 함락되다.
1945	인도네시아	수카르노, 인도네시아 독립선언
1945	베트남	호치민 베트남 독립선언
1946	필리핀	필리핀 미국으로부터 독립
1946	태국	마히돈국왕 의문사, 푸미폰국왕 승계
1946	베트남	프랑스 군함의 하이퐁 포격(1차 인도차이나 전쟁 발발)
1947	버마	아웅산 암살
1949	인도네시아	네덜란드 드디어 인도네시아에서 철수하다.
1949	세계	중국공산당의 승리 (국민당 패퇴)
1953	캄보디아	시하누크, 캄보디아 독립선언
1954	베트남	디엔비엔푸 전투, 제네바평화협정
1955	인도네시아	반둥 아프리카-아시아 비동맹회의 개최
1955	캄보디아	시하누크 왕위반납, 선거 승리
1955	베트남	남베트남 단독선거 실시
1957	말레이시아	말라야연방 독립
1957	필리핀	비행기 추락, 막사이사이 사망
1957	태국	사릿 타나랏, 쿠데타로 집권
1963	캄보디아	시하누크 중국과 우호조약 체결, 미국 지원 거부
1963	베트남	쿠데타 발생, 고딘디엠 피살
1963	말레이시아	말레이시아 건국
1963	필리핀	마르코스 대통령 취임
1964	베트남	통킨만 사건, 미군의 북폭 시작
1965	베트남	미군 최초 지상군 다낭 상륙
1965	인도네시아	콘프론타시, 싱가폴 맥도날드하우스 폭파
1965	인도네시아	쿠데타 발생, 중국인 학살
1966	인도네시아	수카르노 하야성명
1967	동남아시아	ASEAN 창립
1967	싱가폴	싱가폴, 말레이시아에서 분리 독립
1968	베트남	북베트남 구정대공세 발발
1968	인도네시아	수하르토 2대 대통령 취임

1969	베트남	닉슨 독트린 발표
1970	캄보디아	론놀 쿠데타로 집권하다.
1972	필리핀	마르코스 계엄령, 집권연장
1972	세계	닉슨의 중국방문, 마오 면담
1973	태국	민중시위로 타놈정권 붕괴
1973	베트남	파리평화협정
1975	인도네시아	인도네시아의 동티모르 침략
1975	캄보디아	크메르루즈, 프놈펜 점령 집권
1975	베트남	북베트남군 사이공 점령
1976	태국	타마삿대학교 학살사건, 군부복귀
1978	캄보디아	베트남, 캄보디아 침공, 훈센집권
1979	베트남	중국-베트남 전쟁
1981	말레이시아	마하티르 집권
1983	필리핀	니노이 아퀴노 암살
1986	베트남	도이머이(혁신) 정책 선언
1986	필리핀	엣사 시민혁명으로 마르코스 축출
1988	버마	버마 8888사건, 네윈 은퇴
1989	베트남	캄보디아에서 베트남군 철수완료
1989	세계	베를린장벽 제거
1990	버마	아웅산수찌 총선승리, 군부 결과 불복
1992	태국	푸미폰국왕 수찐다, 짬렁 접견
1994	베트남	미국의 베트남 정부 공식인정 (엠바고 해제)
1997	캄보디아	훈센 친위쿠데타 라나리드 축출
1997	세계	아시아 금융위기 발생
1998	인도네시아	수하르토 하야 성명
2001	태국	탁신의 타이락타이당 총선 압승
2004	인도네시아	아쩨 쓰나미 발생
2006	태국	탁신 외유 중 쿠데타
2014	인도네시아	조코 위도도(조코위) 대통령 취임

우리가 몰랐던 동남아 이야기 – 제1권

펴낸날 2022년 1월 21일
6쇄 펴낸날 2025년 8월 28일

지은이 신일용
펴낸이 주계수 | **편집책임** 이슬기 | **꾸민이** 전은정

펴낸곳 밥북 | **출판등록** 제 2014-000085 호
주소 서울시 마포구 양화로 7길 47 상훈빌딩 2층
전화 02-6925-0370 | **팩스** 02-6925-0380
홈페이지 www.bobbook.co.kr | **이메일** bobbook@hanmail.net

ⓒ 신일용, 2022.
ISBN 979-11-5858-846-5 (07910)
     979-11-5858-845-8 (세트)

※ 이 책은 저작권법에 따라 보호받는 저작물이므로 무단전재와 복제를 금합니다.